東日本大震災と子どものミライ

橋本惠司

春風社

東日本大震災と子どものミライ

目次

はじめに

「えっ、卒論が残っているんですか?」。教職を退いて数年後、宮城教育大学の教職大学院に入学した先輩から誘われて参加した授業を考える会でのことだった。数十年ぶりに訪れた宮教大の研究室で開かれたその会で、先輩の担当教官が「昔の卒論も残っているので、みなさんの卒論もあるかもしれませんよ」という話からだった。四〇年近く前の自分の卒論が残っている。不思議な感じがした。もちろん詳しい内容は覚えていない。この年になって当時の自分の卒論を見ようという勇気は起きなかった。

ところが数年後、この会に参加していた当時の私の担当教官である横須賀薫先生が、「そういえば君の卒論、本にしたほうがいい」と言ったのである。思ってもみないことだった。もちろん横須賀先生は卒論の内容が本にする価値があると考えていたわけではない。この卒論を書くために学生時代私が師事した日向《ひなた》康《やすし》先生とのことを文章に書いて残しておきなさいということなのだと感じた。そのきっかけである卒論が残っていたことがこの本を出すことになる始まりだった。

そして、もう一つの内容である東日本大震災時の被災地校での子どもたちのこと。あの震災から一二年が経過し、当時私が関わった地域の三つの学校は閉校・統合し、新しい学校になっている。その学校に入学した一、二年生はもう三校が統合して今の学校ができたことを知らずに生活しているという話を聞いた。「風化」という言葉は使い古され、訴える感も薄らいでいるが、それでも「風化させない」ということにこだわり続けなければならないという思いがある。三つの学校が震災後閉校・統合し、新しい学校として歩みを始めた経緯は記録として残しておかなければならないという気持ちになったことがもう一つの理由である。

さらに、もう一つの思い。今、教育現場では教員不足が問題になっている。学力向上、英語、タブレット、プログラミング、道徳の教科化など次々に新しい教育課題に対応しなければならない教育現場。不登校やいじめ、コロナなどへの対応と課題が山積し、時間がいくらあっても足りないブラック企業のような現状がある。そんなに苦労してまで教員にならなくてもいいという学生が多い。しかし、教育という仕事はすばらしい仕事であり、可能性に満ちた子どもたちに毎日関われることは魅力的だと私は考えている。今とは違う時代のことではあるが学校の楽しさや子どもたちの生き生きした姿に触れ、教育に携わってみようかなと思う学生が一人でも増えたらいいなという思いがあり、若い頃の実践記録を紐解いてみた。恥ずかしさでいっぱいの実践記録だが、時代が変わっても子どもたちのエネルギーとすばらしさを知り、教育という仕事に関わる喜びを感じられたら幸いである。

これら内容の違う三つのことを一つの本にすることは難しいという思いはあるが、私が教育というものに関わってきた大学時代から小学校、幼稚園を退職するまでの四六年間の自分の足跡として残しておくことは自分にとっても意味があるかなと思うようになった。自己満足の一言に尽きる最初で最後の本である。

第一章　東日本大震災を乗りこえて

石巻市北上町の子どもたちとの四年間

I　震災一年目の相川小学校

自然豊かな北上町と三つの学校

宮城県の東部、新北上川が太平洋に注ぐところに石巻市北上町がある。ここには震災前、相川小、吉浜小、橋浦小という三つの小さなへき地の小学校が地域の良さを生かして子どもたちを育てていた。

相川小のある地区は、十三浜と呼ばれる小さな浜が太平洋に面して点在し、ワカメやホタテの養殖が盛んである。吉浜小の地区は、北上町の真ん中にあり、行政庁舎や公民館など公共施設が集まる所である。太平洋に流れ出る新北上川の河口であり、多くの渡り鳥が羽を休め、ハゼも獲れ対岸ではイタリアスローフードの焼きハゼも作られていた。橋浦小のある地区は、田んぼが広がり兼業農家が多く、寺院や文化財の茅葺き屋根の葺き替えに使うヨシが群生する日本有数のヨシ原が北上川に沿って広がっている。天然記念物のイヌワシが棲む翁倉山《おきなぐらやま》やアサリ

北上小学校　学区地図

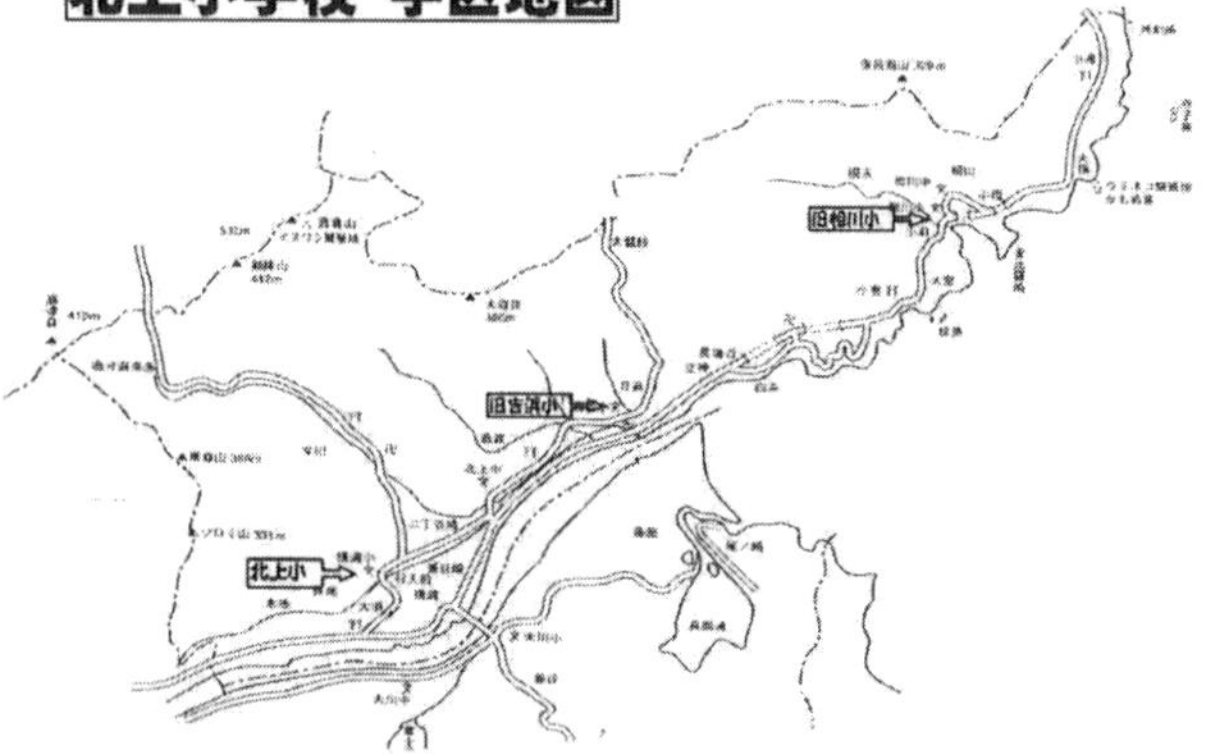

ほどの大きさのベッコウシジミも有名である。山、里、川、海に豊かでさまざまな自然環境が広がっている。かつて、ＮＨＫでもこの北上町の豊かさを紹介する食の特集番組が全国放送された。

平成二三年三月一一日、午後二時四六分、三陸沖を震源とするＭ九・〇の大地震が発生した。ドンと突き上げるような縦揺れが北上町を襲い、その後大きな横揺れが長く続いた。震度六弱を超すこの地震により発生した大津波が北上町に押し寄せ、壊滅的な被害をもたらした。東日本大震災の発生である。

震災に襲われた三校

東日本大震災により相川小、吉浜小、橋浦小の三校はどうなったのか。

相川小は、浜の学校で舟着き場から二〇〇メートルほどの場所。三階校舎の屋上まで津波に襲われ全壊。児童と職員は校舎裏山に登って逃れ無事だったが、早く下校していた一名がまだ行方不明のままだ。

吉浜小も北上川河口にあり、河口から二〇〇メートルしか離れていない。三階屋上のすぐ下まで津波が到達。児童と職員は、屋上に避難し一晩屋上で過ごした。下校のため学校隣の市役所支所に避難していた七名の児童と教員一名が犠牲や行方不明となった。

橋浦小は、北上川の河口から六キロメートル上流にあり、かろうじて津波の被害は免れたが学校周辺は一・五メートルほど水没し、学校は避難所となった。迎えが来て家に帰った児童三名が津波に遭い亡くなった。

三校は震災後、橋浦小で教育活動を再開し、二年を経て閉校・統合し、北上小として新たな歩みを始めることになった。

震災時の相川小

東日本大震災発生時、相川小の児童はすばやく校庭に避難した。職員がすぐ車を校庭に乗り入れラジオを付けて情報を得る。大津波が予想され、避難訓練どおりに、すぐに学校脇の小高い場所にある祠《ほこら》まで避難した。迎えに来た保護者へ引き渡しも同時に行った。学校近くの住民も祠に上がってきた。学校前を流れる川に津波が上り始め川から溢れ出す様子が見えた。職員の車が水に浮き、段々と家の屋根まで呑み込み始めた。それを目撃し、「これは危ない」とこれまでの避難訓練では登ったことのない祠の裏山を斜面に生える冬枯れの草や木につかまりながら上った。低学年の子どもたちも一人として泣き叫ぶ子はなく必死に山を登った。登り切った高台には、ちょうど四月一日新しく開設される予定の子育て支援センターが完成していて、その中に避難することができた。その夜は、みんなで身を寄せ合って不安な夜を過ごした。

屋上まで津波に襲われた相川小

押しつぶされた体育館

次の日からこの場所が避難所になり、職員はここから各地区を回って子どもたちの安否確認を行った。五日後には地区六か所で、十人の卒業児童の卒業式と在校生の修了式を行った。その後学校は休みの措置がとられた。

相川小に赴任

この相川小に私は四月一日から新任校長として赴任することになる。

震災時、私は宮城県教育委員会の出先機関である石巻の教育事務所に勤めていた。五階建ての合同庁舎は激しく揺れ、必死でロッカーを押さえながら揺れの収まるのを待った。合同庁舎の駐車場に避難し災害対応のテント設営を始めていた時、「津波が上がってきた」という声で住民を合同庁舎五階の大会議室に誘導し、そこが避難所となった。合同庁舎は旧北上川から近い場所にあり、周りより少し低く窪んだ所に建っていたため、津波の水が引かず一階の半分以上まで水につかり、五日間脱出することはできず二〇〇人の住民の対応にあたることになった。五日目に自衛隊のゴムボートで救出された。

その後、教育事務所は下水道施設や高校の体育館と転々と場所を変えながら仕事を続けた。車も流されて無くなった中、毎日石巻市内の学校を徒歩で周り被災状況の把握に努めた。中学校では卒業式の会場の体育館が無残な姿になっていたり、避難所になった小学校では先生たちが泥かきを黙々としていたりする状況だった。街の中はがれきの山、電信柱には車がだるま落としのように重なっているなど、目を覆う光景が続いていた。

そんな中、三月末の人事異動が発表になった。新任校長として相川小勤務を命じられた。被災した学校、そして自分の自宅も車もすっかり流されて何も無くなった身としては不安ばかりが大きかった。震災時に着ていたスーツだけが財産として残った。

会うことも難しい状況下、前任の校長先生との引き継ぎは、書類等も津波で流出し十五分程度の話で終わった。不安はますます大きくなる中、赴任の四月一日を迎えた。相川小の校舎は使えない。学校から二〇キロメートル近く離れた隣の町の中学校の一教室が相川小の職員室だった。赴任の手土産を買う店はもちろんなく、着の身着のままで学校へ向かった。途中、道ばたに山形のイチゴ売りがイチゴを広げていた。一度は通り過ぎたが戻ってイチゴを買った。職員室のドアを開けた。疲れと不安と少しの希望を持とうとする表情をした職員が私を迎えてくれた。私は、イチゴを手渡し「これからよろしくお願いします」「この出会いを大切に、一期一会でイチゴを……」と差し出した。場が一瞬和んだかに感じた。このメンバーでなんとか相川小を普通の状態に導いていかなければならない。大変な状況の中でも笑顔を忘れないようにしたいと思った。相川小の合い言葉は「笑顔で前向き！」に決めた。

その足で、津波に襲われた相川小に教頭先生と向かった。道路はでこぼこで荒れ、がれきの山や流された集落跡が道沿いに続いた。相川小に着くと、校舎から袋を抱えて出て来た一人のお母さんに出合った。まだ見つからない我が子が学校で使っていた物を探しに来たという。言葉が出なかった。私は、ずっと学校としてお母さんに寄り添っていこうと誓った。

四月二一日の学校再開まで

三月一一日以降、学校はしばらく休みになった。学校再開は四月二一日県内一斉に行うことが教育委員会から示されていた。四月一日付けで異動する旧職員は、兼務発令という形で四月一五日までそのまま相川小に留まって子どもたちの対応に当たることになった。しかし、管理職は通常どおり、四月一日の異動。前任校長は、気持ちの整理のつかないまま異動した。それを思うと居たたまれない気持ちになった。

職員は、児童や保護者の状況確認と転出入の把握や津波で水に浸った書類の乾燥作業に追われた。相川小への道は、職員室のある中学校から一時間近くかかる。ガソリンもなかなか手に入らない中、頻繁に相川小に通うことも困難で厳しい対応が続いた。

四月二一日の学校再開を控え三校は揺れていた。相川小はなんとか相川地区にプレハブ校舎を作って相川地区で教育活動をしてほしい、吉浜小は地域が壊滅状態になり転出児童も多く少人数になったため避難所隣の北上中学校の校舎を借りて再開したい、橋浦小は避難所が開放されればその場所で継続したいという考えだった。三校それぞれの思惑はあったが教育委員会からは、当面の間被害の無かった橋浦小での教育活動再開が示された。

橋浦小での学校再開に向け、三校で何度も話し合いをもった。橋浦小の避難所は、四月一〇日に住民の方々が別な場所に移ることを受け入れて開放された。三校の職員は橋浦小の清掃活動を行い子どもたちの受け入れを進めた。翌日初めて三校の職員が顔を合わせ職員会議も行われた。職員の不安の大きさが痛い程感じられた。一五日には、兼務発令の職員が学校を後にし、新しい職員が赴任してきた。震災時から対応してきた職員と異動してきた職員との間には、大きな意識の差があった。途中で学校を去る無念さと被災地校に勤務する不安と異動する職員の気持ちを思うと辛かった。学校再開まで残り一週間である。

二一日を目前にし、一八日に中学校にあった職員室を橋浦小に移した。また、相川小の子どもたちの学校再開に向け、この日から三日間、相川地区の避難所で学習支援を行い子どもたちの不安を取り除きスムーズな再開ができるようにした。職員の「なんとかうまく三校一緒の学習に慣れてほしい」という気持ちが子どもたちに投げかける言葉一つひとつから感じられた。うまくいってほしいと願った。

学校再開に向けた取り組みの傍らで相川小独自の課題もあった。相川地区から橋浦小までは車で片道四十分。道路のすぐ脇は海岸線や北上川。スクールバスでの登下校に対する不安と平地である橋浦小の立地に対する心配、何より通学途中に眺めざるを得ない津波による悲惨な光景を見せたくないという気持ちなどで「通学させられない」という保護者が多く存在した。なんとか理解を得ようと地域に足を運び何度も保護者説明会を開いた。一回、二回、三回、四回と話し合いを行った。説明会の帰り道、街灯もない真っ暗な道を運転しながら、保護者の方々の気持ちもよく分かるし、子どもたちを学校で早く学ばせてあげたい我々の気持ちが交錯し辛い思いで帰っていた。保護者の方々の完全な理解を得ることができないまま四月二一日を迎えることになった。全校児童六八名の内、二六名が橋浦小に通わないスタートになってしまった。

分かれての授業

四月二一日、初めてスクールバスで子どもたちがやって来た。一年生に入学した男の子が、窓から見える様子を見て「クリスマスツリーのようだね」と呟いたのが今も忘れられない。沿道の木々に津波で流されたいろいろな物が釣り下がっていた。一年生の子にはツリーに見えたのだろう。さまざまな思いをもって子どもたちはバスに揺られてきたのだろう。

橋浦小での三校一緒の学習が始まった。橋浦小も小規模校なので一つの学年が一教室しかない。そこに三校の子どもたちと三人の先生が入っての学習である。それでも子どもたちは緊張しながらもやっと学校で勉強できることの嬉しさを感じたようだった。初めての三校合同の音楽集会で子どもたちは「ビリーブ」を歌った。「たとえば君が 傷ついてくじけそうに なった時は かならずぼくが そばにいてささえてあげるよ……」の歌詞が体育館に響き、胸がいっぱいになった。涙を浮かべる子もあった。

一方、相川小二六人の子どもたちのため、相川小の職員は相川地区の避難所に向かった。低、中、高学年の担任が交代で三か所の避難所で勉強を教えるためだ。子どもたちは、職員が来るのを待っていて一生懸命勉強した。午前中いっぱい学習をして橋浦小に戻り、橋浦小での授業に合流する。並行授業状態は約一か月続いた。

授業が終わると、職員は交代でスクールバスに添乗し相川地区まで子どもたちを送っていく。教室ではなかなか出せない子どもたちの悩みやぐちを聞いてあげたり、励ましてあげたりした。朝も同様に添乗し子どもたちを見守った。朝五時半過ぎには自宅を出ての対応だった。スクールバスの安全な迂回路が完成したり添乗員さんが付くようになったりする七月二〇日の終業式まで続いた。

五月の連休が開けたあたりから橋浦小での生活や三校一緒の学習、新しい友だちの話が相川地区に残る子どもたちにも広がったのか、登校する子どもが出始めた。学校再開から約一か月、ようやく五月一九日に相川小の全児童が橋浦小で学習することができるようになった。本当の相川小の始まりがやっと叶った。さまざまな不安や思いを押して子どもたちを橋浦小へ通わせる決断をしてくれた保護者の皆さんに感謝した。

一つの教室に三校が一緒

三校一緒の教育活動は、一般的に言われている間借り生活ではない。三校が独立で行う教室の余裕はない。三校の各学年が一つの教室で一緒に学習するという石巻市の被災校では他に見られない特異な状況だ。三校独自の教育ができない状況下、子どもたちに学習の場を保障することを第一に考え、三校が一緒に最低限できることに留めざるをえなかった。三校一緒に行う行事の精選も図り、子どもたちの心の安定と充実感を得ることを大切に考え、運動会と学芸会は残すことにした。被災を免れた橋浦小にとっては、普通にできる教育活動を我慢しての受け入れである。相川小、吉浜小としてはこの対応に感謝の気持ちでいっぱいだった。

強行した三校合同運動会　子どもの元気な姿を届ける

四月末運動会の話し合いを三校で行った。「こんな大変な時に運動会なんてできない」「こんな時だからこそ行おう」という意見に職員は分かれた。三校が一緒になっている元気な子どもたちの姿を見てもらうことが、保護者や地域に安心感を与えることになるという考えで一致し、無理をしても実施することに決定した。

しかし、自然は味方してはくれなかった。相川小全員が通うようになり運動会の練習が進む中、五月二九日に大嵐が襲った。三〇日から六月二日までの四日間スクールバス路線が冠水、通行止めとなって臨時休業。職員は、別のルートで山を越え隣町から一時間以上かけて相川地区に入り、子どもたちの家を回って安否確認や学習プリント配りを行った。

五日目にようやく開通し、その日一日だけの練習で、運動会本番を迎えた。子どもたちは、徒競走や団体競技に一生懸命取り組んだ。訪れた保護者や地域の方々が、子どもたちの元気な姿に大きな拍手を送ってくれた。閉会式の挨拶で、ＰＴＡ会長が「子どもたちの元気な姿を見ることができ、安心するとともに大人の我々が元気をもらい、子どもに負けず頑張ろうと思った。北上地区の復興に向けての力がわいてきた」という話をされた。この話を聞き、無理を押しても実施してよかったと思った。

運動会は、午前中で終了。家族でお弁当を囲んでというような震災前の風景はない。弁当の準備など無理な状況だ。そこで、ワールドカップ大会まで応援に行くほどのサッカー大好きな「ちょんまげ隊」に支援をお願いし、屋台村を開いてもらった。運動会に集まった保護者だけでなく地域の方々にも来てもらい屋台村を楽しんでもらった。震災後、初めて顔を合わせたという人が何人もいて、運動会後のお昼は貴重な集いの場となった。ちょんまげ隊の運動会後の屋台村は、新生・北上小のスタートの年まで三年続いた。

この運動会開催にはいろいろな問題もあった。その一つが運動着の問題。多くの子が学校に運動着を置いていて流された。普段着でもいいという考えもあったが、子どもたちには運動着を着せてあげたかった。さまざまな運動着メーカーに電話をした。「支援でもうなくなってしまった」という所が多い中、神戸のアシックスさんが「まだ少しあります」と、運動着のシャツと運動靴を送ってくれた。また、婦人之友社と宮城県の商工会青年部からも当日の運動着を支援してもらい、なんとか運動会に間に合わせることができた。子どもたちは、揃いの運動着で元六年生を神戸に招待する旅行を支援してくれた。
気に参加した。とてもありがたかった。その後、アシックスは五年間にわたって

子どもたちと教師のとまどい

運動会を機に三校の子どもたちの中での関わり合いが一歩進んだような気がした。授業も本格的に進められ、落ち着いて学習に取り組むようになった。反面、教室に三人の先生がいる、教え方や指導の仕方も違う、子どもたちは、どうやって三人の教え方に慣れたらよいのか、どの先生の言うことを聞いたらよいのかと戸惑う場面も増えてきた。三人の担任もそれぞれの教育観や指導方法の違いにより、どこまで踏み込んでいいのか悩む姿も見られるようになった。

他の被災校に比べれば恵まれすぎるほどの教員の数。調整のための話し合いを重ね、子どもたちにとって如何にプラスに持っていくかを探った。それぞれの教員の持ち味とよさを生かし、うまく機能できるようにしていくことが鍵であった。

子どもたちは、三校一緒の教育活動を次のような思いをもって過ごしていた。

橋浦小学校にわたしたちは助けられています。いろんなことがありましたが、今までこうして勉強したり遊んだりできたのは、橋浦小学校のおかげです。とても感しゃしています。友達も増えたし、新しく学んだこともあります。三校合同になった学校も楽しいですが、やっぱりわたしは相川小学校が好きです。相川は、自然がいっぱいです。海、川、森、山があります。学校も好きです。思い出の教室や、運動着。校歌を歌うと相川を思い出し、なみだが出ます。でも、こんな思いをする学校は他にもいっぱいあります。

わたしたちは、こんな震災にも負けず、復こうに向けてがんばっていきたいと思います。

相川小学校、橋浦小学校、吉浜小学校は、これからも一緒にがんばります。

子どもたちの心のケアと健康への配慮

もう一つ大きな心配は、子どもたちの心のケアだった。三校の子どもたちに共通して、震災前より保健室を利用する子どもの数が増えていた。特に運動会後の六月から、そして、夏休み後には、腹痛や頭痛を訴える子どもたちが増え、その固定化も見え始めた。学校再開から運動会まで無我夢中で進んできた子どもたち。少し落ち着いて学習に取り組めるようになった時点からの変化である。

保健室に不調を訴えて訪れる子どもたちの中には、震災による不安や辛さを抱えている子だけではなかった。「友だちは家も着る物も何にもなくなってしまい大変なのに、私は家も残ったし普通に近い生活ができる。どうして私は震災に遭わなかったんだろう。私は何をしたらいいのでしょう」と悩みを訴える子どもも出てきた。

三人の養護教諭は子どもたちに寄り添い、じっと話を聞いたり遊び相手になったりして対応した。校舎三階までの階段の踊り場に季節の飾り物と野の花の一輪挿しが置かれるようになったのもこの頃からだ。子どもたちの心を気遣って三人が置いた物だった。

保護者の心の不安定感も大きかった。学校が離れていることで、学校に立ち寄ることが難しい。そのため、子どもたちの様子を多く届けたいと思った。ホームページや学校だより、学年だより等を活用するようにした。情報交換を密にしながら学校、家庭が手を携えてこの局面を乗り越えようと考えた。

心のケアとともに課題だったのが健康面である。特に食生活。震災後の避難生活や支援物資のため、子どもたちの食生活の偏りが懸念された。震災当時、支援の菓子パンやお菓子類の摂取と野菜不足。肥満傾向が加速していた。せめて給食だけでもと考えたが、給食はパンと牛乳だけのスタートだった。なんとかならないかと考えた。さまざまなボランティアの方に声をかけた。一品野菜の料理を提供してくれる団体「チーム王冠」から声がかかった。毎日、日替わりで違うボランティア団体の方が学校を訪れ、家庭科室で野菜料理を一品作って提供してくれた。パンと牛乳の他に野菜料理が子どもたちの目の前に運ばれた時の笑顔が忘れられない。他の学校には申し訳なく思いながら、子どもたちは毎日の野菜料理によって救われた。受け入れのため連絡調整も大変で、時間になっても到着せず、慌てて授業時間を変更することもあった。子どもたちの健康のためと考え頑張った。市の給食センターが少し軌道に乗っておかずを一品増やすことができるようになる一〇月まで続けた。

さまざまな支援と二つの相川小

四月からたくさんの支援が学校に寄せられた。文房具や絵本、食べ物など次々に届いた。三校それぞれの学校宛で届く物も多かった。担任でない職員は、朝から子どもたちに配るように仕分けに追われた。自分の学校にきた物を他の二校にも配った。その作業に毎日追われた。また、いただいた方々には、子どもたちの元気な姿とともに御礼状を差し上げた。この作業にも時間を使った。すべて失くしてしまった子どもたちにとって、また学校にとって、とてもありがたかった。

その中で印象深かったのは二つの相川小からの励ましだった。四月、橋浦小の体育館にトラックが横付けされた。甲府市立相川小学校の先生が自らトラックを運転して子どもたちからのメッセージと段ボール箱二十個の支援物資を届けてくれた。新聞で被災地に相川小という同じ名前の学校があることを知り、地域のスポーツ店や本屋さんも巻き込んでの支援物資だという。子どもたちにこの話をすると「同じ相川小ってあるんだ。うれしいなあ」と喜んでいた。

すると六月、今度は厚木市立相川小学校の校長先生、ＰＴＡ会長さん、育成会長さん、教育委員会の方が訪れた。子どもたちが作った「フレンズ　オブ　相川」の合唱曲やメッセージ、二つの相川小校章が描かれた団扇などをいただいた。子どもたちは、直接校長先生から手渡されたのと合唱のすばらしさに感激していた。この二つの相川小との交流はその後も何度か続いた。厚木市立相川小は震災から一一年が経つ今年まで年に一、二回相川地区を訪問し仮設住宅に花壇を設置したり、窓ふき作業も行った。そのエネルギーはどこから生まれるのか学びたいと何度も思った。感謝しかなかった。

子どもたちの元気と自信を取り戻す「鼓童」と共演

七月頃になると、子どもたちは相川小独自の活動ができないストレスを感じたり、クラスの中でも思うように自分を出せなかったりと自信なげで、満足を得られない表情を見せるようになった。また、集会活動で他校の鼓笛隊の演奏を聴き、「自分たちも演奏したいなあ」という気持ちを訴えるようになった。

なんとかしてやりたいと考えている時、有名な太鼓集団「鼓童」が学校に来ることになった。相川小で伝統として取り組んでいた「相川白波太鼓」とのコラボレーションができないかという話が持ち上がった。子どもたちは、「また太鼓がたたける」と喜んで取り組みを始めた。三校の中で、何となく肩身の狭い思いを抱いていた子どもたちにとって嬉しい話だった。当日は、生き生きとした姿を披露し、見ている他校の子どもたちからも大きな拍手をもらった。認められたと感じることができたようだった。

震災後初めて、生き生きとした子どもたちの姿を見た職員は、「これだ!」と鼓笛隊や相川白波太鼓の復活に向け動き出した。ツイッターで呼びかけ、さまざまな団体や海外からも鼓笛隊の楽器や和太鼓の提供を受けることができた。かつてヒット曲「飛んでイスタンブール」を歌った庄野真代さんが主催する「国境なき楽団」などを通じてのものだった。相川小独自の活動を再び行うことができる希望がわいてきた。

しかし、三校一緒の学習環境の中でその練習時間を生み出すのは大変だ。スクールバスの関係で放課後の時間は使えない。業間の長い休み時間や昼休み、スクールバスを一便遅らせての練習など、短い練習時間を使いながら子どもたちは、太鼓を叩き、楽器を練習していった。少しずつ元気と自信を取り戻していくのが分かった。日に日に上手になっていく子どもたち、相川小を思う気持ちが大きいことを実感した。

その成果を遠く離れてしまった相川地区の方々やお年寄りに見てもらおうと決めた。秋のその日を目指して子どもたちが動き出した。

一学期がやっと終わった

七月は四月の学校開始が遅れたため土曜日も授業日になったり、夏休みも短くなったり授業時数の確保が行われた。それでも子どもたちはやっと一学期が終わる安堵感を感じたようだった。その気持ちは終業式の子どもの発表に表れていた。

一学期を振り返って

三月十一日の震災でどうなるかと思った学校は北上町で唯一残った橋浦小学校で三校合同となり始まりました。こんな大人数で勉強するのは初めてで緊張しました。でも、みんなやさしい人達ですぐに仲良くなれました。

また、今までとは違うバス通学になりました。最初のうちは全然慣れなかったけれど、今はもうずいぶん慣れてきたと思います。

最初はいやだなあと思っていた学校も、友達がたくさんできてから楽しくなりました。でも、相川小学校の過ごし方とは違う所がいくつかあってこの生活に慣れるまでは、一ヶ月くらいかかりました。すごく大変でした。

今までたくさんあった行事の中で一番楽しかったのは、運動会です。なぜかというとみんなで係や下学年の世話、そして、つな引きや徒競走などすごく盛り上がって楽しかったからです。

鼓童の方々が来るということで、太鼓の練習も始めました。太鼓の音を聞くのが久しぶりですごく感動しました。鼓童の方々といっしょに叩けたのがすごくうれしくて心に残りました。

私は、子どもたちに、四月の始業式に「あ」「い」「か」「わ」の頭文字を使って話したことを受けての話をした。

「あ」は、あいさつがしっかりできる子でしたね。バス通学で多くの皆さんが「おはようございます」、降りる時「ありがとうございました」が言えるようになりました。特に五、六年生はすばらしいです。手本になっていましたね。

「い」は、生きていることのすばらしさを感じ、命を大切に過ごしましょう。

「か」は、感謝の心をもちましょうですね。「ありがとう」の心です。毎日の給食の野菜スープやシチュー、豚汁など遠くは県外からもみんなのために一品の野菜のおかずを作りに来てくれました。朝、三時半に起きて来てくれていました。みんなはスープなどが出るのが当たり前だと思うようになっていませんでしたか。大変な思いをして作ってくれていたんですよ。感謝、感謝です。

「わ」は、「私がします」の意欲をもちましょうですね。これは、難しかったかな。でも、みんなの中には、花の水かけ、掃除で自分から仕事をする人の姿も見えました。

この四つのことは、とても大事なことです。これからもしっかりできるよう頑張りましょう。

夏休み中、七月三〇日には、津波に襲われながらも奇跡的にロッカーの下で見つけた卒業証書と新しく作ってもらった証書を使い、中学校の体育館を借りて卒業式を行った。前校長先生より直接子どもたちへ手渡してもらうことができた。震災後、浜を回っての卒業式で相川小に別れを告げた中学一年生である。前校長先生からは、「これでやっと、一つの区切りができた」と安堵の言葉が聞かれた。

劇団四季のミュージカル

子どもたちが夏休みに入る前、劇団四季のミュージカルが東北地方に来るという話が耳に入った。場所は未定。私は一学期頑張った子どもたちと保護者にプレゼントをしたいと劇団四季の浅利慶太さんに手紙を書いた。「もし可能なら被災地石巻でミュージカルを子どもたちに見せてほしい」と。隣町の中学校の体育館で上演するという返事が届いた。劇団四季ミュージカル『ユタと不思議な仲間たち』に北上地区の学校の子どもたち、保護者が招待された。相川小からも子どもたちが参加した。前日には、劇団四季の皆さんによるワークショップが行われ、発声の仕方やダンス、歌のレッスンも体験できた。ミュージカル当日は、劇団四季の生の舞台を間近で観ることができ、その迫力、歌や踊りのすばらしさを通して、「生きることの大切さ」や「友だちのすばらしさ」を実感することができた。子どもたちの笑顔を見ることができてよかった。無謀にも、あの浅利慶太さんに手紙を出し、願いが叶ったことに驚くとともに感謝の気持ちでいっぱいだった。

二学期のスタート

校庭にスクールバスが着いた。授業時数確保のために短い夏休みが終わり子どもたちが学校に戻ってきた。元気な顔で来るかなあとバスから降りる子どもたちを迎えた。「おはよう」の声に元気があまりない。やっぱり、まだまだなんだろうなあと思った。

始業式では、夏休みの甲子園でリードされても三度も追いついた花巻東高校の全力疾走、笑顔、古川工業高校の七点差を追いついていく姿を取り上げ、「二学期は、あきらめずに取り組もう」と話した。

二学期もさまざまな団体や学校からの支援、交流が続く中でも、三校の子どもたちは落ち着いた学習を行い、行事も少しずつ普通に行うようにしていった。子どもたちの心の安定は普通の学校生活から生み出されると考えていたからだ。

一方で相川小は、鼓童とのコラボで芽生えたやる気を次につなげようと少ない時間を使って太鼓や鼓笛の練習を続けていた。

一台のアコーディオン

そんな時、毎日新聞社から電話が入った。相川小の子どもが取り上げられた新聞記事を見てアコーディオンを送りたいという。その新聞記事には、「まだ寒さが身にしみる四月。宮城県の相川小学校を訪ねた。校舎は津波で崩壊し、ガレキの山となっていた。震災の前まで当たり前のようにここで子どもたちが学び、遊んでいたかと思うと複雑な気持ちになった。ふと見ると、女の子が数人いた。「鼓笛隊の練習をしたいので楽器を探しに来た」と言う。このガレキの中から楽器を見つけるのは無理だろうと思った。ところがしばらくすると「やったあ！　あったあ！」という歓声があがった。トランペットとアコーディオンが見つかった。カメラを向けると大きな楽器を見つけ出した女の子は、あふれるような笑顔でピースサインをした。ステキな写真が残った」と書いてあり、その写真も載っていた。これを見た埼玉県の加賀谷さんという方が自分のお子さんが使ったアコーディオンを送りたいというのであった。ちょうど一台のアコーディオンの調子がおかしくなっていたので喜んでもらうことにした。これで子どもたちも安心して鼓笛の練習ができると喜んだ。この方はその後も大きな行事の度に子どもたちを元気づける支援を続けてくれた。それは相川小が閉校し新しく北上小になっても続き、十二年目となる今も継続している。一つの新聞記事がきっかけでの繋がりがこんなに長く続いていることに感謝しかなかった。

鼓笛や太鼓の披露が実現

いただいた楽器も使い子どもたちの練習は進んでいった。そして、いよいよそれを披露する日が来た。

一一月一二日、相川地区を回る鼓笛隊のパレードと被災した相川小校庭で「相川白波太鼓」の演奏を披露する。震災から八か月が経過していた。多くの地域の方々が震災当時のままにぽつんと残された相川小の校庭に震災後初めて集まり、子どもたちの演奏に見入った。子どもたちは、再び、鼓笛隊や白波太鼓が演奏できる喜びと楽器をいただいた皆さんへの感謝の気持ちを込め、力の限り演奏した。六年生にとっては、小学校生活の最後に再び母校の校庭で演奏ができ、忘れられない思い出となった。集まった地域の方々からは、「子どもたちの姿を見て、久しぶりで元気をもらうことができた」という声が多く聞かれた。演奏する子どもたちの心が、集まった方々にしっかり届いたことを実感した。そして、地域の中に相川小が存在していた意味の大きさを改めて感じさせられた。

普通の学校生活ができるようになってきた

二学期もたくさんの支援や交流が続いていたが、子どもたちは三校一緒の学校生活にだいぶ慣れてきたようだった。校庭で一緒に遊ぶ姿も増えてきた。九月から県外の専門のスクールカウンセラーさんが定期的に派遣され、子どもたちの様子を見守ってくれたり、我々の相談にものってくれたりした。心強いサポートだった。また、一〇月から学校給食施設が復旧し、おかずのある給食が再開された。これにより子どもたちの食生活の面でもう一つ安心感が増した。これまで毎日遠くから子どもたちのために野菜料理一品を作り続けてくれた支援団体の皆さんの活動も終わりとなった。最後の日には子どもたちからたくさんの感謝の言葉が送られた。

子どもたちの不安解消や学校生活の落ち着きに合わせて、校外での活動も増えていった。六年生の修学旅行や五年生の宿泊学習、四年生以下の校外学習と震災前に行っていた活動も三校一緒にできるようになってきた。これらの活動の費用はいただいた支援金の一部を当てた。震災で大変な状況の保護者にとって少しでも助かればという考えからであった。

三校一緒の子どもたちの生活のまとまりを表すように学芸会も実施できた。子どもたちが考えたテーマは「ひびけぼくらの思い　とどけ私たちの心」。

子どもたちは張り切って演技をし、家族に楽しんでもらえるよう笑いや世相を盛り込んだ内容を工夫した。また、震災後の三校での学校生活で大切にしなければならない友だち、思いやり、協力などのテーマを各学年で取り上げた。それが最後の六年生の演技で、三校の校歌を鼓笛隊で演奏するという形でまとめられた。学芸会まで、各学年それぞれ三校での演技をどう作っていこうかと試行錯誤しながら取り組み、当日の演技として結実させた。その過程を通して、また一歩子どもたちは三校でのまとまりを深め成長できたように思った。

三校統合の決断

震災で大変だった年が終わり、新しい年が明けた。始業式で私は次の詩を子どもたちに読んであげた。

「元旦」

新川和江

けさ　わたくしは頂きました
新しいカセット・テープのような
一巻（ひとまき）の時間を――
天の工場で　それは無限に

生産されているものなのですけれど
天は　まとめてダースで売ったり
歳末の大蔵ばらいはいたしませんから
わたくしたちが手に入れることができるのは
元日の朝におくられるこの一巻だけです。

一日一日をていねいに生きて
いい音だけを　入れて行こうと思います
一年ののち
すっかり消してしまいたい思いに
苦しんだりすることのないように
十年ののちにも
微笑んで聞きかえすことができるように

新しい年に、一巻のカセット・テープをもらったと考え、一日一日をていねいに生きて、いい音だけを入れていけるように努力をしよう。子どもたちにとって、今年こそ、よい年、すばらしい年になるように願ってのことだった。

そんな願いとは反対に、市の説明会で復興整備計画案が示され、「平成二五年三校統合で新設校開校」が提示された。相川小、吉浜小はなんとか単独での学校再建を望んでいたがその可能性は難しくなった。保護者や地域の方々は何度か開かれた説明会の席上、地域の中に小学校があることの大切さや遠くの学校まで通う子どもたちの負担と再度起こるかもしれない津波への不安を強く訴えた。しかし、「今の三校一緒の状態から早く普通の一つの学校で学習することが子どもたちにとって大事だ」という市側の説明とは折り合わない状態が続いた。最終判断の期限が迫っていた。三校ＰＴＡは協議を重ね、今後の津波襲来の危険性を考え、今、三校が学ぶ平地の橋浦小学校ではなく高台移転を条件に三校統合を受け入れ、統合の請願書を提出した。震災から一年を経過しようとする時点に、あと一年後の三校の閉校と統合が決定した。

卒業に向けて

閉校・統合が決まり、卒業の声が聞こえ始めた。授業は三校一緒に行っているが卒業式は別々の実施である。体育館や音楽室の調整を行い三校それぞれが練習を行っていった。

鼓笛隊引継ぎ式もあった。今年は鼓笛隊ができないのではないかと危ぶまれたが、多くの方々の支援により復活した。その楽器を使い、子どもたちは練習を重ねてきた。六年生が五年生に丁寧に教えてきた。最初の頃は指使いや手の使い方まで細かく指導していた。徐々にできるようになると脇で静かに眺めながらほめている姿に変わっていった。六年生の姿は、他の学年でも同じで、二年生が一年生に鍵盤ハーモニカを教えているときも見られた。こうして、相川小学校鼓笛隊の伝統が震災後の今年も守られ、引き継ぐことができた。在校生が演奏する姿を、六年生は前に並んでじっと見つめながら聴き入っていた。心の中で、「震災で鼓笛隊が途切れてしまうのではないかと不安だったが、これでやっとバトンタッチができた」という安堵の気持ちが感じられた。

三月一七日、相川小学校卒業式。一二名の子どもたちが巣立っていく。四、五年生が生で演奏する「威風堂々」の曲とともに、卒業生が入場し卒業式がスタートした。

大変だったこの一年の中で、一二名の子どもたちそれぞれが輝いていた姿を思い出しながら、一人ひとりに卒業証書を手渡した。

式辞では、あの大震災から一年、これまでと何もかもが変わってしまった時間を振り返った。最上級生として三校一緒の学校生活の中で戸惑いながらも頑張っていた姿、新しい友だちを作ろうと自分から積極的に話しかけたり、輪の中に入っていった姿、他の学校の下級生にも優しく声をかけてくれた姿、委員会やクラブ活動に一生懸命取り組んだ姿。そこには、苦しくても諦めない卒業生の強い気持ちがあったこと、苦しいことや辛いことは強くなるための試練、それを乗り越えようとしてきた子どもたちは、一回りも二回りもたくましく成長するはずだという話をした。それは、昨年七月にサッカーワールドカップで、なでしこジャパンが先制されても諦めず、優勝を勝ち取った姿に負けないもので、これからも「諦めない心」をもって、未来を創っていってほしいと願いを伝えた。子どもたちはしっかり前を向き、頷きながら聴いていた。

門出の言葉では、卒業生が相川小学校での五年間の楽しい思い出、そして最後の一年間三校一緒の学校生活での新しい思い出について語った。在校生は、そんな卒業生にお世話になったこと、助けてもらったこと、遊んでもらったこと、そして、これからは自分たちが相川小学校を引き継ぎ、さらによい学校にしていく決意を述べた。そして、「新しい朝」という歌を一緒に歌い、体育館を卒業生と在校生の温かい想いでいっぱいにし、お別れをした。震災後の長い一年が終わった。

II　震災から二年目の相川小学校

震災から二年目の三校をどうするか？

一年後の閉校・統合が決まり、最後の一年が動き出す。それに向けて二年目の学校をどう進めていったら良いか何度も話し合った。「閉校が決まった最後の一年は自分の学校の子どもたちと過ごしたい」「この一年三校が一緒にやって来て慣れてきたので、統合を見据えて、さらに深めていった方が良い」など、さまざまな考えが出された。この一年苦労を重ねてきた各校の担任は、自分の学校の子どもたちと直接向き合って授業を行うことを可能にしてほしいという思いが強かった。悩みに悩んだが、最後の一年はそれぞれの学校の教育活動を進めることに決まった。

教室を区切った段ボールの壁

各学校の教室スペースをどう作るか。橋浦小は単学級での校舎の造りである。春休みに三校分の教室一七個分を作ろうと急遽、強化段ボール会社にお願いしロッカー付きの壁を段ボールで作り、一教室を二つに区切った。特別教室も区切って教室にした。会社の社長さんは現場を細かく見て各教室の広さや高さを考慮し、我々の願いにきめ細かく対応してくれた。段ボールとは思えないすばらしい仕切りのお陰で教室ができ上がった。この社長さんは、後に被災した町を盛り上げようと段ボールでスポーツカーのランボルギーニとすっかり同じ車「ダンボルギーニ」を作って展示した方である。

こうして、窮屈ながらも最後の一年を子どもと担任が向き合う狭い教室が生まれ、震災後二年目、閉校に向けた最後の一年が始まった。

相川小独自の教育活動

単独での教育活動ができるようになったことで、職員は震災前に行っていた相川小独自の活動を行おうと動き出した。特にたてわり班を使った活動を復活させたいと望んでいた。毎週月曜日の朝の時間は、全校たてわりで遊んだり、たてわり集会を行ったりする。その集大成として秋には、全校歩き遠足を実施することにした。また、一年目に復活させた鼓笛隊を使い、社会を明るくする運動で地区内を回る活動や祖父母参観などを行うことにした。何より、職員にとっては、校内研究で授業研究会ができることが大きな喜びだった。

子どもたちの変化は、さっそく四月の休み時間の様子に現れ始めた。上級生が低学年の子どもたちを誘い、温かく面倒を見ながら遊んでいる姿が見られるようになった。「これが震災前の相川小の姿だったんだなあ」と思わされた。

秋のたてわり遠足では、四キロメートルの道のりを歩いた。六年生が一年生と、五年生が二年生と手をつないで歩く姿に思わずほほえんだ。相川小のよさを感じた。到着した現地では、焼きイモ大会やたてわり班での楽しい遊びで一日を過ごした。震災前には、こうして毎年少人数を生かした全校での結びつきが強い活動ができていたのだ。子どもたちは、相川小として最後となる一つひとつの活動を惜しみながら楽しんだ。

これら独自の活動を復活させ、実現するには大変な調整が必要であった。三校が一緒に生活しているため、タイムテーブルは一緒。技能教科は、三校合同で継続した。朝の活動等は、場所の使用計画と臨時の調整など、頻繁に行われた。短い時間での練習や活動で子どもたちも大変だった。一方、三校合同の活動も次年度統合を見据え、一年目の反省を生かして改善が加えられていった。先生たちの中にも、次年度統合という考えをもちながらの教育活動推進であった。自分たちが選択した最後の一年の教育活動ではあったが、三校での時間や場所の調整、意思疎通の図り方、それぞれの学校の進め方と一年目より大変な状態となったことは事実であった。しかし、先生たちは子どもたちと向き合うことに喜びを感じ進んでいった。

谷川俊太郎さんとの授業

相川小として最後の一年の記念に何かできないかと考え、朝日新聞社主催のオーサービジットに応募した。閉校の記念に、ぜひ授業で子どもたちに何かを感じてほしかったからである。子どもたちが色紙にお願いの言葉を書いて送った。見事に採用され、詩人の谷川俊太郎さんとの授業が実現した。

当日、谷川さんが授業で言葉遊びを取り上げた。その例として学校の名前「あいかわ」が使われた。

あたらしい
いのちの
かのうせいを
わたしたちはつくる

この言葉をさりげなく黒板の左端に書く。授業が終わるまで消さずにずっと残っていた。何気なく例示されたこの言葉には、谷川さんからの強い思いと願いを感じた。しかし、谷川さんは、授業の中で震災に対しては一切触れなかった。「あたらしい　いのちの　かのうせいを　わたしたちはつくる」。すばらしい言葉をいただいたなあと改めて思った。子どもたちだけでなく、教師、地域の方々にとっても大きな意味のある言葉だと感じた。もう一つの言葉も印象的だった。やはり、「あいかわ」を使った、「あいかわらず美しい自然を信じよう」という言葉。あれほど大変な被害を受けた海、しかし、相川地区の人々はその海で生きていくしかない。子どもたちもその海をながめながら生活していく。その気持ちは、「あいかわらず美しい自然を信じよう」の心になることが大切だというメッセージだろうか。谷川さんとの授業は、静かな中にとても優しく、強い思いを感じずにはいられなかった。子どもたちは、言葉遊びを楽しみ、谷川さんの詩の朗読で笑い、言葉の世界に浸りきる時間を過ごした。

統合へ向けて

三校独自の教育活動を進めながら、閉校への作業、そして統合へ向けても準備を進めていった。先生たちは、来年自分が統合した学校に残るのかどうかも分からず、新しい学校づくりを進めていかなければならない複雑な心境だった。震災後、一年半を過ごしてきての思いや悩み、新しい学校についての考えをざっくばらんに語ってもらったり、保護者にもアンケートを取ったりしながら進めていった。

大きな課題は、新しい学校をどんな学校にするのかということ。三校それぞれの思いは強く調整は難しかった。何度も話し合いを重ねた。見えてきたのは、四点。

①地域的に異なる三つの小学校の子どもたちが一つになることの気持ちの安定と、「ともに学ぶ」ことのよさを実感し、「ともに成長していく」ことを喜びとする子どもを育てること。

②三校それぞれのよさを新しい学校に生かすこと。

③ふるさと「北上」のよさを知り、それを誇りに思い、いつまでもふるさとを大切に思う心をもった子どもを育てること。

④安全・安心を第一に考えた防災教育の充実を図ること。

大震災で失われた三つの地域が一緒になった北上という地区をもう一度見直し、そのよさを実感し、そこにいつまでも住んでいたいと思う子ども、ふるさとを離れてもふるさとをよりどころとして考えられる子どもを育てるということを新しい学校づくりの柱にすることが決まった。教育目標を「ふるさとを愛し　豊かな知恵と心をもち　たくましく生きる児童の育成」とし、その実現のために三校の子どもたちが「ともに」力を尽くすことで進めることにした。

校歌、校章などの準備も

三校が閉校になるため校歌を録音して残してはどうかという話をもらった。仙台ジャズフェスの立ち上げや仙台駅の列車の発車メロディーを作曲した音楽家の榊原光裕さんとバイオリニストの佐藤聡子さんのグループからであった。夏休みの暑い中、在校生はじめ、卒業生、保護者、地域の方々に集まってもらい、その場で何度も練習して校歌を録音した。三校それぞれの校歌が一枚のCDとして残った。ありがたかった。

これがきっかけで新しい学校の校歌もお願いすることになった。グループの二人は北上のこれまでの流れや地域のことについて調べ、三校の子ども・保護者に校歌に入れてほしい思いや言葉をアンケートして作っていった。できあがった校歌は、これまでの校歌にはない地球が生まれた頃からひもとき今に繋がる内容で、メロディーは、地域を流れる北上川を彷彿させるようなゆったりした優しく心地よいものだった。

校章も子どもたちや保護者、地域の方々にデザインを募集して作成していった。

地域の浜に咲く「ハマギク」をモチーフに、花の輪で囲まれた中に「北上」の文字がある校章にできあがった。

○北上に咲くハマギクの花をモチーフに一二枚の花びらに、子どもたちの一二か月間の学校生活が満開に花開き、太陽のように明るく輝きに満ちるように。

○「北上」を相川小、橋浦小、吉浜小の三校が輪になって囲み、一つの大きな輪を形づくっていく。

○ハマギクの花言葉は、「逆境に立ち向かう」。

校歌や校章の他にも運動着のデザインやＰＴＡの規約など、さまざまな細かいことを含めて話し合いを重ね決めていった。

校舎お別れ会

三校の閉校作業も進んできた。三校が同じ日に閉校記念式典と閉校記念碑除幕式を行い、閉校記念誌を作成することにした。また、校舎が解体される相川小と吉浜小は、校舎お別れ会を実施することにし、各校思い出を語る会も計画した。

一四〇年あまり続いた地域の学校がなくなることは大きく、しっかりとした形で終わりにしなければならないという気持ちが強まった。

相川小は、校舎解体が始まるとされた一二月末までに「校舎お別れ会」を行わなければならず、一二月七日に実施することにした。盛り込みたい内容と練習時間の無さ、その挾間で苦しみながらの取り組みだった。

当日は、津波に襲われた校舎に谷川俊太郎さんの言葉を掲げ、校舎へ献花し、お別れの言葉を捧げ、伝統として続けてきた「相川白波太鼓」と全校児童による鼓笛隊の演奏を校舎前で行った。一二月、浜風の吹く寒い中、多くの保護者や地域の方々、旧職員に集まってもらい、校舎に別れを告げた。「校舎はなくなっても、一人ひとりの思い出の中に相川小学校は生き続ける」という気持ちを分かち合った。

> ぼくは、一年生の時、相川小の野球部、ホワイトウエーブに入りました。暑い日も、寒い日も、ときには学校でつかれた放課後や休みの日にも、小指《こざし》グランドやこの

校庭で、がんばって練習しました。練習のない日でも、時間さえあれば、友達と夕方までこの校庭で遊びました。あのころは、そんな日がずっと続くと思っていました。だから、まさか今日のような日が来るとは、思っていませんでした。

初めて勉強した日も、初めて給食を食べた日も、先生にほめられた日も、しかられた日も、どんな日も、ぼくたちをずっと見守ってくれた相川小学校。本当にありがとうございました。

ぼくは、これからも相川小学校での日々を一生わすれません。だから、あなたも・・・ぼくたちの声を、姿を、ずっとわすれないでいてください。ありがとう、相川小学校。さようなら。

閉校式

閉校式は三月二三日に間借りしている橋浦小の体育館を使い、三校が時間をずらして行った。子どもたちは、これで相川小とも本当にお別れするのだという気持ちを抱きながら参加した。初めに相川白波太鼓を演奏し、これまでの相川小や子どもたちの姿を映像で映し出した。式の中では、全員で谷川俊太郎さんの「あたらしい　いのちの　かのうせいを　わたしたちはつくる」と相川小校歌の群読を行い、「ひろい世界へ」の合唱に気持ちを込めた。インフルエンザで直前まで休んでいた子どもたちもいたが、五九名の子どもたちは、堂々と言葉を述べ、体全体で歌を歌った。閉校という寂しさを胸に秘めながらも最後のこの場面で未来に向かう生き生きとした姿を披露した子どもたちの力に胸が熱くなった。

その後、バスで相川小の校舎に移動し、閉校記念碑の除幕を行った。大勢参加した地域の皆さんに対し、私は「校舎の姿はなくなってしまうが、この記念碑には美しかった時の相川小学校の校舎と校歌が刻まれているので、辛いことや嬉しいことがあった時に訪れ、碑の中の校舎を眺めたり校歌を口ずさんだりして、新たな元気を持ち帰ってほしい。そして、皆さん一人ひとりの心の中にいつまでも相川小との思い出が生き続けてほしい」と話した。これで、相川小の一三九年間にわたる歴史の幕が閉じた。

Ⅲ　新生・北上小学校のスタート

北上小学校の開校

閉校式の翌日から開校に向けての準備が始まった。教室を仕切っていた強化段ボールを撤去し、三校それぞれの備品や物品の整理を行い教室を使えるようにしていく。廃棄するもの、残すもの、保管場所へ移すもの等の仕分け作業は、大変だった。新しい建物に移動するのではない。新生・北上小学校と名称は変わるが、校舎は橋浦小をそのまま使う。開校を迎える子どもたちに何か少しでも新しい学校が始まるのだという期待感を持たせたいと、ボランティア「プロジェクト結《ゆい》」の方々や保護者、卒業生にお願いし教室のドアや校舎の外壁などのペンキ塗り替え作業を行った。春休みの短い期間を使って少し模様替えができ、明るい校舎に生まれ変わった。昇降口の上に新しい北上小学校の校章を掲げ、スタートの準備が整った。

新生・北上小学校

その準備の陰で震災から二年間、三校それぞれの学校で必死に子どもたちと向き合い、子どもたちを励まし、学校の再開と再建に向け取り組んできた職員が学校を後にした。これから始まる新しい学校と子どもたちにもっと関わりたかったという思いを抱いて。職員が三分の一に減った。

四月八日、三校の子どもたちが一堂に会し、新しい校旗を受け取って北上小が新しい歩みを始めた。私は子どもたちに語った。

「皆さんが、最初の児童としての誇りをもち、一人ひとりが持てる力を精いっぱい発揮し、明るく笑顔いっぱいの学校を創ってほしい」。そして「この新生・北上小学校が北上の豊かな自然と心あたたかい地域の人々の愛情に支えられながら、校歌にあるように「私たちがあしたへと夢をつなぐ」よう、未来を創る子どもたちとして育ち、きらりと光る北上小学校を「ともに」創っていきましょう」と。

これに応えるように開校記念式典で最初の六年となった子があいさつした。


相川小学校、橋浦小学校、吉浜小学校の三校が統合して北上小学校になり、もう一か月たとうとしています。今までは十人程度の少人数で勉強していたけれど、今年の六年生は、二十九人という多人数で勉強や生活をすることになりました。また、全校児童も百三十人に増えました。時には、以前の学校の校舎や校歌がなつかしく感じることもあります。でも、新しい校歌やこれから行われるいろいろな行事は、もっと好きになれると思います。これからは、最初の六年生として、北上小の歴史の第一歩を踏み出せるように、次の三つのことをがんばっていきたいと思います。

一つ目は、みんなと仲よく生活することです。

二つ目は、勉強や運動にしっかり取り組むことです。

三つ目は、新しいものにチャレンジしながらも、太鼓など、それぞれの学校のよさを残していくことです。

そして、私たちが卒業する時、新たな伝統を創り上げることができるようにしていきたいです。

北上小を構成する地域は海と漁業中心の相川地区、会社員・公務員が多く北上川河口の吉浜地区、兼業農家の橋浦地区の三つ。自然環境も保護者の意識も独自の教育活動も違う三校が統合し一つの学校となることには、大きな困難があったのは事実である。そんな中での新生・北上小のスタートだった。

三校が一緒になったことのよさを生かす

スタートに当たり、子どもたち、職員に伝えたことは「三つの学校が一緒になったことのよさを生かそう」ということ。「三人寄れば文殊の知恵」ではないが、三つの学校が持っていたよさを生かすことで、よさが三倍になることを実感させよう。人数が増えるよさ、地域や自然の豊かさの面、人材的な面が三倍、三通り味わえることをプラスに考えて教育活動をしていこう。それを子どもも職員も「ともに」感じながら、新しい北上小学校を「ともに創っていこう」と話した。そして、笑顔いっぱいの北上小を創ろうと考えた。

キャッチフレーズは、北上地域の象徴を使い、

㋖　たかみを愛し

㋟　くましく

㋕　がやき

㋯　らいを創る　北上の子

「はまぎくのような明るさとやさしさをもち
イヌワシのようにたくましく　荒海に立ち向かう強さを備え
北上川のようにゆったりと構え
ヨシ原のヨシのごとく　地域にしっかり根をはった　北上の子どもたち」

と定めた。

北上川水源の学校との交流、和太鼓、鼓笛

子どもたち、職員、保護者の願いが強く、三校のよさを生かした活動を北上小に引き継ぎ、よりよいものにしようと取り組んだ。

まず、北上川の河口にある本校とその水源にある岩手県の学校との交流。吉浜小が十年以上続けてきた五年生の交流だ。移動に時間を要するが、ふるさとを見つめ直す活動には欠かせない、北上川を介しての取り組みに大きな意味があると感じた。

二つ目は、三校がそれぞれの形で取り組んでいた鼓笛隊。支援によって多くの楽器が揃ったのを生かし、新たな編成で取り組もうと考えた。北上地区で社会を明るくする運動の一環としても期待されている鼓笛パレードや運動会で生かそうと考えた。

三つ目は、相川小で二六年間続けてきた相川白波太鼓。北上小として六年生が

新たに「北上太鼓」として受け継いだ。子どもたちは自主的に休み時間を利用して取り組み、新しい曲の部分にも挑戦を始めた。

三校のよさを生かしながらその上に立って、新しい北上小としての教育活動を創り出そうと動き出した。

子どもたちの関わりを大切にしながら

新しい学校で意識して取り組んだのは、「たてわり班活動」。三校の子どもたちが早く仲良くなり、助け合い、下の学年の面倒も見られるようになってほしいという願いからだ。業前の時間でのたてわり活動はもとより、花の苗植えやさまざまな活動でたてわり班を生かした取り組みを行っていった。休み時間になると高学年の子が低学年の子の手を引いて遊んであげる姿が日常的に見られるようになった。少しずつ北上小としての心が育っているのを感じた。

また、月曜日の朝は「学級の時間」とし、各学級が一つになって遊びを通じクラスづくりができるようにした。震災から二年が経過したが子どもたちは仮設住宅での生活だったり、保護者の仕事も安定しない状態で登校してくる子どもたちだったりだ。まして月曜日。どうしても気持ちが盛り上がらない朝の時間を教師と子ども同士が触れ合うことから始めることで気持ちの高揚を促したり、教師にとっては子どもたちの様子を把握することにもつながると考えたからである。各学級の子どもたちのつながりをしっかり作っていくことが大切だと思った。

また、北上小の課題は肥満傾向の子どもが多いこと。震災後の食生活や遊び場の減少、スクールバス通学による運動不足が原因だ。解消するために業間や昼休みの時間確保はもとより、放課後少しでも遊ぶ時間を生み出してあげようとバス時刻を一五分遅らせることにした。子どもたちの運動不足解消だけではなく、三校の子どもたちが一緒に遊ぶ機会の保証にもつなげようと考えた。一五分という短い時間だが、毎日子どもたちはこの貴重な時間で思いっきり遊んで帰って行く。また、低学年からでも興味をもって遊べる遊具を設置しようと考え、支援により「クライムステーション」という遊具を校庭に設置した。その頃耳にするようになってきたロッククライミングの遊具版である。子どもたちは、物珍しい遊具の出現に大喜びし、上学年の子に支えられながら恐る恐る遊び始めた。休み時間に外に出て遊ぶきっかけが一つ増えた。

子どもたちの関わりを大切にするには、新生・北上小の最初の六年生をどう育てるかが大きく作用する。幸い六年生は、震災後の二年間休み時間も一緒に遊び、活動を行い、最初の六年生としての自覚を持って取り組んでいた。担任がそのよさを生かし、気負わずに自主的な姿を尊重しながら進めた結果、「あんな六年生になりたいなあ」という思いを下の学年の子どもたちが感じられるような六年生に育っていった。

これらの取り組みによって子どもたちは少しずつ打ち解け合い、一つの小学校としての姿を創っていった。子どもたちのそんな姿は保護者にも伝わり、運動会の感想にも表れた。

第一回北上小学校運動会を無事終えることができて本当に嬉しく思い、子どもたちのとっても元気で生き生きとした表情が印象的でした。東日本大震災という想像を絶するほど悲しい現実もありましたが、子どもたちのたくましい姿にこちらが元気と勇気をいただきました。今年の優勝は赤組でしたが白組の迫力も素晴らしく先生方のご指導と地域の皆様のご協力と役員の皆様にも「感謝状!!」をお送りしたい気持ちでいっぱいです。「ちょんまげ隊」の屋台村も暑い中大変お疲れ様でございました。ありがとうございました。来年の運動会がまた楽しみになりました。

子どもたちの心を豊かにする

北上小の校舎は、統合前と変わらない。子どもたちの気持ちをもっと明るくすることはできないかと考えた。震災後、たくさんの本が三つの学校それぞれに寄せられた。その整理をし、子どもたちにたくさんの本に触れさせたいという思いと本を見に来るのが楽しくてしょうがないような図書室ができないか。仙台の絵本専門店「横田や」さんに相談し、図書の専門家やボランティアの協力を得て、本の整理とパソコンによるバーコード管理を行うことにした。横田やさんやボランティアの方々は何度も北上小に通い、膨大な量の本を整理しラベルを貼り、バーコード入力していった。日に日に片付いていく本の山を見ながら子どもたちが本を手にする顔を想像した。

また、夏休みを使って絵本の『ねぎぼうずのあさたろう』などで有名な飯野和好さんら六人の現役絵本作家さんに来てもらい、図書室の壁一面に絵を描いてもらうことになった。一応、教育委員会に壁に絵を描いてよいかの確認をとった。震災後二年経ったとはいえ、まだまだ混乱の中で教育委員会はあっさり許可してくれた。ラッキーだった。

六人の絵本作家さんは、脚立や台に上がり天井近くの高さから思い思いの絵を描き始めた。六人が話し合って構想を練るのではない。一人ひとりがバラバラに自由に描いていく。不思議なことにそれが絶妙に調和し合って全体のまとまりとなっていった。絵本で見る世界が図書室の壁一面に広がった。

夏休み明け、全校の子どもたちが図書室の前に集まった。扉を開ける。その瞬間、子どもたちから上がった「わあー！」という歓声と「絵本みたい」という声が今

「日本一楽しい図書館」

でも耳に残っている。図書室は本物の絵本の世界のように明るく、楽しい、ずっと本を読んでいたいような空間に生まれ変わった。「日本一楽しい図書室」の完成である。さらに突然、絵本作家の一人、飯野和好さんが股旅姿で登場し絵本の読み聞かせをしてくれた。子どもたちは、またまた大喜び。壁に描かれたねぎぼうずの股旅姿と同じ格好の絵本作家さんの読み聞かせにすっかり魅了されてしまった。素敵な二学期のスタートになった。

バーコードによって図書委員会の子どもたちでも簡単に本の貸し出しができるようになり、本が子どもたちにより身近なものとなっていった。

二年目には、暗くて一人で用をたすのが心配だという子どもたちのことを考え、トイレを少しでも明るくしようと取り組んだ。「日本一楽しい図書室」に次ぐ第二弾。「日本一楽しいトイレ」。東京芸大ＯＢの方々や学生さんに来てもらい、トイレの壁やドアに絵を描くプロジェクトを行った。一緒に絵を描いた子どもや職員も加わり三日間かけて完成させた。一階から三階までの男女トイレ六室の壁やドアに北上地域に生息する昆虫や鳥、ヨシ原などを楽しく描いた。一階から三階までを貫き通すケヤキの木が印象的である。

二学期の始業式に子どもたちに紹介したあと、子どもたちがトイレを探検。明るく、楽しく大変身したトイレに子どもたちは大喜びだった。「これで安心してトイレに行ける」「一人でも怖くない」などの声が聞かれた。また一つ北上小の癒やしの空間が生まれた。もちろん図書室の時と同じように教育委員会の許可はとった。

学校にたくさんの花を植え、子どもたちの心を豊かにしようとも考え取り組んだ。企業の支援を受け、インパチェンスやサルビア、マリーゴールド、ベコニア、ペチュニアなどを一〇〇〇株と培養土一〇〇袋、プランター一〇〇個をいただいた。それをたてわり班の子どもたちが協力しながら植えた。プランターは、道路から校門までの道の両側に並べ、「北上小フラワーロード」にした。秋にも同じようにパンジー、ビオラ、ノースポール、プリムラを植え、冬のフラワーロードを作った。自分たちで植えた花に毎朝じょうろで水をかける子どもたちの姿が見られた。フラワーロードは、毎日登校する子どもたちを優しく迎え、楽しい学校生活を過ごして帰る子どもたちを温かく見送ってくれた。

ふるさとを愛する活動

子どもたちに、震災で失われてしまった三校それぞれの地域のよさ、ふるさと北上全体のよさを十分に感じさせ、改めてふるさとを見つめ直し、ふるさとを愛する心が育ってほしいと校内研究で取り上げた。ふるさとの自然や豊かに生活する人々に直接触れることで地域のよさを再発見し、ふるさとを誇りに思ってほしいという願いからである。

そのためには、三つの地域それぞれにすばらしい人材がいたことが大きな力になった。子ども好きで食用アロエを育てたり天然記念物のイヌワシを追いかけたりする方、地域の歴史を詳しく調べヨシ原を守る活動をしている人、震災で壊滅的な被害を受けた漁業組合を立て直そうと奔走する人、自治会長をしながら仮設住宅をまとめ、昔からの地引き網を復活させようとしている人、地域の食材を生かした豪華な料理でもてなす峠の温泉宿を営む人、シンガーソングライターとして地域の歌を作り盛り上げようとしている人など、魅力的で活動的な多くの方々がいる。その方々が日常的に北上小に出入りし子どもたちに関わってくれることがとても貴重だった。

一年生は、学校裏山の遊歩道を使っての活動を行った。県の森林インストラクターの方が定期的に訪れ整備してくれることで子どもたちは安心して活動することができた。季節に応じた花や木についても詳しく教えてもらったり、草花遊びを一緒に行ったりもした。学校の裏山が楽しい学習の場になった。

二年生は、学校周辺の沢遊びや探検である。食用アロエの大きさに驚き、皮を剥いて肉厚のアロエの刺身を味わう子どもたち。きれいな沢に入って沢ガニやヤゴを捕まえることもできた。牛を飼っている農家を訪ね、直接牛に触れたりエサをやったりもした。また、三つの地区を周り、海、川、山、田んぼなどの自然や文化財がたくさんあることを知った。地域に詳しい方の力が大きかった。

三年生は、田んぼや水路の生き物観察と米作りの活動を行った。地区内にはコンクリートで固められていない自然の用水路が残っていて、そこが生き物の棲み家になっている。生き物の専門家に来てもらい一緒に生き物を探す。小さな魚やドジョウ、カエルなどいろいろな生き物を発見し詳しく教えてもらうことができた。その水路から水を引く田んぼで田植えや稲刈りを農家の方に教えてもらいながら体験し、秋には収穫した米を使っておにぎりパーティーをして楽しんだ。

四年生は、漁業体験。ようやく養殖を再開した若い漁師さんのグループの協力を得て、ホタテの殻に付いた貝殻などを取り除く作業を体験した。また、ベテランの漁師さんからはワカメをロープに挟む作業や塩蔵ワカメの袋詰め作業を教えてもらった。また、ヨシを使ったミニヨシ門松作りも体験し、地域を生かした仕事について触れることができた。

五年生は、北上川をメインにしての活動である。カヌー体験で川を肌で感じ、そこに生える貴重なアサザという植物を育てた。ヨシを使ってヨシペンづくりやヨシでできた楽器のひちりきに触れる活動を行った。支援団体「石巻三七会」の協力で雅楽奏者に来てもらいひちりきや笙の演奏を味わった。目の前にあるヨシ原のヨシが貴重な楽器にもなっていることに驚いていた。ヨシを生業とする熊谷産業さんの協力でヨシを編んで作った巨大なヨシ舟をプールに浮かべ乗って楽しむこともできた。

また、吉浜小から引き継いだ北上川の水源の学校との交流は二回行われた。一回目は七月、水源地の学校である岩手県の水堀小の五年生が北上小にやってきて交流した。北上川の河口で震災の話や水没したヨシ原の様子などを見学し、ヨシを使ってヨシペン作りを体験し、そのペンで絵手紙を描いた。九月には、こちらから子どもたちが水堀小を訪れ北上川の水源という「ゆはずの泉」を見学し、大きな木の根元からしたたり落ちる一滴が北上川の最初なのだということに子どもたちは感動した様子だった。この交流でふるさと北上の象徴である北上川を改め

北上川の源流「弓弭（ゆはず）の泉」

て見つめ直した子どもたちだった。

また、五年生は大震災を教訓に、学校の裏山から、より安全な場所へ逃げる道の開拓や水を確保するための井戸掘りにも挑戦し、校庭に見事なポンプを設置することができた。

子どもたちと職員が試行錯誤しながら、震災に襲われたふるさと北上のよさを取り戻す活動が少しずつ形になっていった。

六年生は、北上地域全体のよさをまとめて発信する活動を行った。一年生から五年生までの取り組みを踏まえ北上全体を見つめ直し、その魅力を探り、『北上ふるさと検定』として冊子にした。この冊子を追分温泉の部屋に置いてもらい、温泉客に北上のよさを知ってもらおうと考えた。

他の公共施設にもお願いし、子どもたちの視点で北上をアピールしようとした。

田んぼでの経験がない相川地区の子どもたち、ホタテやワカメに直接触れたことのない橋浦や吉浜地区の子どもたち、北上川のヨシを使っての物づくりが初めての子どもたち。一つひとつの活動が新鮮で好奇心を駆り立て、新しい多くの発見をしながら学習を進めていく姿が印象的だった。しっかり下調べをし、農家や漁師の方に直接質問をしたり、教えてもらったりして、三つの地域が子どもたちの中で少しずつ身近になっていった。

授業を大切にする

新生・北上小学校になっての保護者の不安は、三校一緒になることでの学力低下だ。その対応として、各学年部での少人数、チーム・ティーチング指導や個別指導の保証を行っていった。

また、支援いただいた電子黒板を活用し、その頃まだ取り入れられていなかったデジタル教科書を四教科分揃えた。それにより、子どもたちの学習に対する興味・関心が大きく伸びた。へき地の学校であり、震災対応で授業の準備もままならない職員の負担軽減にも役だった。その後の学校のデジタル化を考えると子どもたちにとっても職員にとっても良かったと思われた。

自分の命は自分で守る

大震災の被害を受けた地域の学校として防災教育の充実にも力を入れた。年六回の避難訓練はもとより、下校時の避難訓練と高台避難場所の確認、スクールバスの避難訓練、引き渡し訓練なども行った。通学路の地図を細かく作り、学校と自宅の中間点がどこなのかを子どもと一緒に確認し、大きな地震が起きた時に学校に戻るのか、自宅へ急ぐのか、近くの高台に避難するのかなど現地を歩きながら確かめた。

学校での避難には裏山の活用を図り、地元の建設会社や県森林インストラクターの協力を得て、避難道の整備や木を伐採しての避難場所の確保、遊歩道の設置などを行った。子どもたちの遊び場としての活用も考え、ボランティアによる放課後や休日のフィールドワークにも使えるようにした。学校にいれば安全だという安心感を子どもたち・保護者に持ってもらうこと、子どもたちが自分の命は自分で守るということが当たり前にできるように育てていく取り組みを継続していった。

子どもたちの心のケアと保護者の安心感の確保

阪神・淡路大震災の教訓によると三年目に子どもたちの心の不安定感が増したということを受け、細心の注意を払って子どもたちの心のケアに取り組んできた。開校の年が三年目に当たる。三校統合という子どもたちが置かれた状況の変化と気持ちの揺れ動きも心配された。

二人の養護教諭による相談やスクールカウンセラーによる対応、スクールソーシャルワーカーによる家庭への働きかけ、保健師とのケース会議など外部機関との連携も行いながら子どもに寄り添った。大きな問題は今のところないものの、保健室を訪れる子どもたちの数は多い。お腹が痛い、頭が痛い、ちょっとけがをした等、と保健室を訪れ養護教諭に訴える。何気ない話を養護教諭と交わしながら落ち着きを取り戻し教室に帰って行く。午後になって再び保健室を訪れ、話をする。そんな子どもたちが少なくなかった。中には、たびたび起きる地震を怖がったり、市の避難訓練のサイレンに反応し家の中を走り回ったりする子どももまだ見られた。震災から三年過ぎて、津波のことを思い出し不安な状態になってしまう子もある。

子どもに寄り添い、小さな変化も見逃さず、早い対応を心がけながら丁寧に接していくことを続けていった。

保護者の不安や心の傷が大きいことも変わらない。統合によって地域が広がり、保護者・地域の方々と学校の距離が物理的にも精神的にも遠くなってしまった。できるだけ学校の情報を保護者・地域に伝えることが大切と考え、学校だよりや「校長室だより」を発行し、子どもたちの日常の様子を細かく伝えることにした。ホームページも活用し、日常的に情報発信できるようにしていった。各学年でも学年だよりをこまめに発行し、学年の子どもたちの様子をリアルタイムで伝えた。

学校が遠くなってしまったことを、こまめに情報発信することによってカバーしようと取り組みを続けていった。

職員の大変さをなんとかしたい

震災からの二年間は三校が一緒に行ってきたため職員数は多かった。新生・北上小になって担任は一人となり、子どもの数は三倍に増えた格好である。普通の学校の状態になったのではあるが、この二年間三人の担任で行ってきた状態に慣れた心とからだを立て直すには、まだ時間がかかりそうであった。そのために、担任の負担をできるだけ減らすために休み時間は職員室組が子どもたちの安全を見守った。教育活動の準備や仕事の精選も心がけていった。難しい面も見られたが職員全体でカバーしようと取り組んだ。日常的なコミュニケーションや和みの場をつくることが大切であった。その一つとして相川地区の保護者の協力を得て、船を出し職員釣り大会や磯の生物観察会を行った。忙しい中でのほっとする時間であり、職員にとっても地域を知る機会となった。

受け取る側から働きかける側へ

震災から三年目、新生・北上小学校としてスタートした年も多くの支援は続いた。支援されることに慣れてしまうことも恐れた。受け取る側から働きかける側へなんとかチェンジしたい。子どもたちが他の人たちに必要とされる、人の役に立っているという実感を味わうことで、より前向きに進んで行けると考えた。

六年生が取り組み始めた北上太鼓。子どもたちが自分たちで休み時間を使って練習を始めた。なんとか形になってきた夏休み、相川小だった子どもだけでなく、橋浦小、吉浜小だった子も参加し、初めて北上小の有志として相川地区で行われた「復興音楽祭」の舞台に立った。地域の行事に参加した子どもたちに大きな拍手が寄せられた。

二年生、三年生は地域にある特別養護老人ホームを訪問し、おじいさん、おばあさん方に歌を披露したり、一緒に遊んだり肩もみをしてあげたりして交流した。目を細めて喜ぶお年寄りの方々から何度も何度も「ありがとうね」という声が聞かれた。

一年生は来年北上小に入学する保育所の子どもたちを招待し、自分たちで作ったおもちゃで一緒に遊んであげる活動を行った。北上小に安心して入学してもらおうという一年生の一生懸命な気持ちが伝わる活動だった。

四～六年生は、北上小としての新しい鼓笛隊編成に取り組んだ。六年生にとっては、保護者の前で最初で最後の鼓笛隊演奏となったが、四月から新しい北上小を創るために引っ張ってきた六年生の気持ちが込められた演奏となった。

そして、大きな行事としての運動会と学芸会。一つの学校として子どもたちが力を出し合い、元気に頑張っている姿を保護者や地域の方々に見てもらうことができた。

子どもたちは、これらの活動を通し自分たちの姿が人々に元気を与えたり、力になったりすることを実感することができ、人のために何かを行うことの大切さを身をもって学んだようだった。

新生・北上小最初の卒業式

三月一九日、北上小学校第一回卒業式を行い、二九名の子どもたちが巣立っていった。三校が統合し、北上小学校として新たな学校の歴史を自分たちの手で創り出そうと頑張ってきた子どもたち一人ひとりの姿を思いながら、卒業証書を手渡した。

式辞では、小学校生活六年間の半分が東日本大震災で大きく変わってしまったが、それに負けず歩んできたことを振り返った。また、新生・北上小学校の最初の六年生としてすべて一から創り上げてきたことのすばらしさとそこで育んだ優しさの話をした。卒業生の姿に見た「希望」について触れ、「夢や希望は遠いところにあり、それをしっかり見つめて、小さなことから努力し続けて実現してほしい」という話をした。

旅立ちの言葉では、三校それぞれの三年間、また、同じ校舎で学んだ二年間、北上小学校としての一年間の学校生活での新しい思い出について語った。在校生と一緒に歌った「旅立ちの日に」の合唱によって、卒業生と在校生の心の響き合いで体育館がいっぱいになったような気がした。たくさんお世話になった一年生、二年生の涙がこの一年間の卒業生の姿を象徴しているようだった。

Ⅳ　二年目の北上小学校

あいさつ運動

二年目の北上小学校は、一一四名でスタートした。子どもたちの生活は一つの学校としての落ち着きが見られるようになってきた。一年目のよさを引き継ぐ部分と改善した部分の調和を図りながら進んでいった。

その中で頑張りを見せたのが「あいさつ運動」である。一年目の六年生が学年の後半に始めた昇降口に立ってのあいさつ運動を二年目の六年生が引き継ぎ、月、水、金の週三回、朝に昇降口で登校してくる全校の子どもたちにあいさつをする。そんな六年生を見習い、五年生が集会活動に集まってくる全校児童に体育館の通路に並んでハイタッチしながらあいさつをする「あいさっチ運動」が始まった。

初めは驚いていた子どもたちも徐々に慣れ、元気にハイタッチするようになった。五、六年生が全校の手本としてアイデアを出し、意欲的にあいさつ運動を進めていく。二年目の北上小学校をさらによくしようという子どもたちの気持ちが感じられる取り組みが続いている。

午後までの運動会&社会を明るくする運動鼓笛パレード

二年目の運動会に改善を行った。保護者の要望に応え、鼓笛隊、北上っ子ソーラン、紅白対抗リレーを取り入れ、お弁当を挟んで午後までの開催とした。

一年目、一二月の鼓笛隊披露式以来となる鼓笛隊演奏。青と白のユニホームに身を包んだ四年生から六年生が、校歌の演奏や隊形変化を見てもらった。一年生から三年生の北上っ子ソーランは、三色のはっぴにハチマキ姿でかわいらしさと堂々とした姿を披露できた。また、選抜による紅白対抗リレーは、優勝を決する二点差の攻防という手に汗握る熱い戦いが繰り広げられた。全力で取り組む一生懸命な子どもたちの姿に元気をもらったと涙ながらに話す保護者やおじいさん、おばあさんたちがいた。

早朝から多くの保護者に来てもらった。素早く準備作業をしてくださり、終了後の後片付けも見事だった。一般参加種目の玉入れには、これまでになく多くの方々が参加し、賞品が不足するのではと心配になるほどだった。お弁当の時間は地区ごとテントの中で、家族みんなが子どもたちの様子を話題にしながら食べている。震災後四年目にして、やっと普通の運動会の光景を見る思いがした。地域の方々がお弁当を通じて、一堂に会するという場になった気がした。北上小二年目の運動会は、保護者の方々に大きく支えられながら、家庭・地域と一緒になって運動会を創り上げていったという感が強くあった。それは子どもたちの頑張りと笑顔、それを見つめ後押しする保護者の方々がお互いに高まりあって実現できたのだと思う。運動会が終わり、子どもたち、保護者が帰った校庭にはゴミ一つ残っていなかった。

震災の年から運動会の午後に支援してもらった「ちょんまげ隊」の屋台村も終わりとなった。

夏休みに入った翌日、「社会を明るくする運動」として鼓笛の演奏を相川地区で行った。震災前は三校がそれぞれの各地区で「社明パレード」として、鼓笛隊の演奏を行っていた。今回、震災後としては初めて鼓笛の演奏を復活させ、「社会を明るくする運動」に参加した。統合によって地区が北上全体になったことにより、一度ですべての地区を回ることが不可能なため、三年一サイクルで回ることにした。遠い地区から回ることにし、今年は相川地区。あいにく当日は雨模様で、予定していた相川漁協前では実施できず、隣の浜の屋根のかかった作業場をお借りした。雨の中、どのくらいの方々が来てくださるのか心配だったが、多くの方が集まり、間近で子どもたちの鼓笛演奏を見、大きな拍手をくださった。改めて、地域における子どもたちの存在の大きさを実感させられた。

北上のために子どもたちができること、その意味と大きさを考えながらこれからも取り組んでいかなければいけないと感じた。

二年目「ふるさとを愛する活動」：ヨシ紙卒業証書作り

五、六年生は二年目の取り組みとして、北上川のヨシ原に生えるヨシを使ってヨシ紙を作り卒業証書にしようという試みを始めた。「日本の音風景百選」に選ばれている北上川河口のヨシ原。地元でそれに携わっている熊谷産業さんの協力を受けることができた。そのヨシは文化財や神社仏閣の茅葺き屋根に使われている。震災前、吉浜小の隣にあった北上総合支所でヨシ紙の便せんなどが売られていた。また、昔、北上中学校ではヨシ紙の卒業証書を使っていたという話を聞いたことがあった。しかし、北上では今はヨシ紙を作っていなかった。

卒業証書用には柔らかいヨシを使った方がよいということで、本来冬の風物詩であるヨシ刈りの時期を早めて九月にヨシ刈り体験を実施した。すぐ近くの北上川に生えるヨシを見慣れている子どもたちではあるが、実際にヨシ刈りをした子はいない。恐る恐る鎌を手にした子どもたちは、自分たちの背よりも高く二〜三メートルの高さに伸びたヨシを刈っていく。六年生がまず刈り方を行い、刈ったヨシを五年生が受け取って束にする。最初はぎこちなかった刈り方も徐々に上手になり、五年生との連携もスムーズになっていった。子どもたちは、時間を忘れて一生懸命に作業を続けた。これまで体験したことのないヨシ刈りを十分に楽しむことができた。

初めてのヨシ刈りをする子どもたち

次は、刈り取ったヨシを砕いて煮詰め、叩いて繊維にする作業である。地元のシンガーソングライターの方が手伝ってくれた。工程は、四つ。

①ヨシを二～三センチにハサミで切る（専用の押し切り体験もした）
②切ったヨシを灰汁《あく》で三時間ほど煮詰める
③煮詰まったヨシを水洗いし、灰汁を取る
④木槌やハンマーで叩いて、繊維状にする

自分たちで刈ったヨシをグループで分け、一人ひとりハサミで切っていく。単純な作業だが、長さを気にしたり、ハサミを持つ手が痛くなったりして、大変だった。切ったヨシを灰汁の入った鍋に入れ、煮始めたところで子どもたちの作業第一弾が終了。煮詰めること三時間。

煮詰まったヨシを水道で水洗いをし、いよいよ叩く作業。板の上にのせて五、六年生四七人が一斉に叩く。その音といったら耳をおおうようなすごい音だった。授業をしている下学年の子どもたちには申し訳なかったが、一時間ひたすら叩き続けた。臼に入れて、つぶしてみる子もあった。二人で棒杵を上下させながらの大変な作業だが、きめ細かく繊維状になった。ヨシ紙の卒業証書作りに向けた二つ目の作業がなんとか終わった。

いよいよ、最後の作業、ヨシ紙漉《す》き体験である。事前に子どもたちは牛乳パックを水に浸し、表面のビニールをはがして下準備をした。それを小さくちぎり、ミキサーに入れ、水と混ぜて細かく砕く。ところがここでトラブル発生。ミキサーの安全装置が効き過ぎて、すぐにストップしてしまう。安全スイッチを押さえたり、量を少なくしたりしながら対応。同じように、砕いたヨシもミキサーに入れて細かくしていった。予定した時間を大幅に超えるという悪戦苦闘の時間だった。

次は、二つの材料を大きなたらいに入れ、魔法の液体（野菜のオクラを切ってぬめりを出したもので糊の代わり）を加え、いよいよ紙漉き体験。ヨシの量によって、自分の好みの濃さに調整できるので、子どもたちは液体の色を見ながら試行錯誤している。

いよいよ卒業証書サイズの木枠を使って、一枚のヨシ紙漉きの開始。恐る恐る木枠を持って液体につけ、均等になるように動かしていく。いい頃合いで取り上げ、木枠からすのこにのったヨシ紙を取り出す。それを平らな机の上に持っていき、すのこをはがす。破れないよう、慎重に慎重に行った。子どもによって厚さがいろいろなヨシ紙が理科室の机の上に並んでいった。あとは、乾くのを待つだけ。二、三日乾かしたヨシ紙は、すっかり机に張り付いてしまい剥がすのがまた一苦労。それでも温かみのある手作りのヨシ紙が完成した。

子どもたち手作りのヨシ紙に続き、第二弾として、熊谷産業さんにつないでもらい、石川県輪島市の和紙職人遠見さんを招いて、再びヨシ紙漉きを行った。

子どもたちが刈り取ったヨシをこの職人さんに送り、向こうで細かく砕き、材料を作ってもらった。その材料を水と混ぜるための大きな容器（スカイタンクのような）と本物の紙漉き用の枠などを一式車に積み込み、九時間かけて来てくださった。

ヨシ紙和紙を作る作業工程を教えてもらった後は、いよいよ本番。枠を手元から溶液の中にしっかり入れて持ち上げ、静かに揺すって一度水を切る。もう一度すくい上げて、静かにならす。その時に波ができると失敗だ。子どもたちは、いつになく慎重に取り組んでいた。その後、再び水を切って、静かに枠から剥がし、重ねていく。枠を外して現れたヨシ紙の美しさに、子どもたちから歓声があがった。第一弾で作ったヨシ紙の手作り感とは違った本物感を感じたようだった。剥がしたヨシ紙一枚ずつの間に布を重ね、くっつかないようにしていった。子どもたちは一人二枚ずつ紙漉きをし、それを輪島の工房まで持ち帰り、乾燥させ圧をかけてもらった。

五日後、完成したヨシ紙が学校に届いた。開けてみるとヨシの風合いが残った何とも素敵なヨシ紙に仕上がっていた。子どもたちに自分の漉いたヨシ紙を渡すと、そのできばえのよさに思わず感激の様子。このヨシ紙での卒業証書ができあがるのが楽しみになった。

一回目のヨシ紙漉きは、ヨシの繊維が大きかったり、表面がでこぼこしていたりしました。けれど、二回目のはヨシの繊維も細かくて表面も平らで、とてもキレイでした。私は、ヨシ紙漉きをやってみてむずかしかったけど、ヨシのすばらしさや何よりこのようなヨシが地元にあることをより深く感じることができました。それに、自分の卒業証書を作ることができて、うれしかったし、来年、この卒業証書を見ると思い出がよみがえると思います。

私はヨシ紙作りを体験してとても楽しかったです。漉くのは、この前やったけど、それとは違ってテレビでやっている様な紙漉きだったので、とてもよい経験になりました。

自分達で作った紙が卒業証書になるなんて普通ではあまりないと思うので、北上小学校の新しい伝統になればいいなと思います。

ヨシ紙卒業証書を手に

三月二〇日、北上小学校の第二回卒業式があり、二七名の子どもたちが巣立っていった。子どもたちが自分で刈り取ったヨシで紙漉きをしたヨシ紙の卒業証書を手にして。

式辞では、北上小二年目の六年生として新たな伝統を創ろうと取り組んできた鼓笛隊や北上太鼓、「ふるさと北上検定」、あいさつ運動やたてわり班での頑張りなど、この一年間を振り返った。東日本大震災後の大変な状況の中で四年間を過ごした子どもたちが、友だちや多くの人々、地域との関わりの中で、生きていく上で「根っこ」となる、自分にとっての「ふるさと」を大切にすることの話をした。最後に、新たな「ふるさと」を創っていってほしいと伝えた。

子どもたちは「旅立ちのことば」の中で、数多くの思い出と感謝の言葉を一つひとつ心を込めて述べ、「旅立ちの日に」の合唱によって、その思いを体育館いっぱいに響かせた。卒業の思いを「ＹＥＬＬ」の歌に乗せ、伝えてくれた。子どもたちの震災後四年間の大きな成長を感じさせてくれる卒業式になった。最後の学級活動では、自分たちで漉いたヨシ紙に両親への感謝の言葉や手紙を書き、渡した。また、密かに作っていた担任へ感謝を伝えるＤＶＤが映され、担任が感極まるほどのサプライズであった。素敵な六年生として巣立っていった。

学校の役割

震災からの四年間、子どもたちにとって学校はどんな役割を果たしてきたのだろうか。震災後すぐに校舎から鼓笛隊の楽器を探しに行った子どもたち、避難所で先生が来るのを待ち勉強した子どもたち、三校一緒に同じ教室で勉強した子どもたち、閉校という形で長い歴史に自分たちで幕を下ろした子どもたち、統合し開校して新たな歩みを始めた子どもたち。

その時々で学校は、そんな子どもたちに寄り添い見守り、力を与える場所になっていただろうか。今も仮設から通う子どもたちがいる。「家でしっかり学習をするんだよ」と声をかけても限られたスペースしかない仮設ではそれも厳しい。大きな声で笑ったりすることが隣への迷惑を考えると難しい。友だちと思いっきり遊ぶ場所がない。我慢しながら生活している子どもたちにとって、せめて学校だけは安心できる場所であってほしい。学校にいる間は大きな声で話し、笑い、友だちと思う存分遊び回りともに学び合うことができる、そんな子どもたちにとって本当に普通のことが普通にできる場所であってほしいと考えながら進んできたように思う。

震災で多くのものを失ってしまった子どもたち、そんな辛さを多くは口に出してこなかった子どもたち。この四年間の時々に見せる子どもたちの姿からは前に向かって生きようとする生命力を感じた。人と人が結びつくことの大切さ、一つのことをみんなで創っていくことの大切さ、ふるさとを愛する心、子どもたちは学校にくることで震災で止まってしまった時間を動かし始めてくれたように思う。学校に来ることで、新たな歩みを踏み出したようにも思う。そんな子どもたちの姿が保護者や地域の人々に元気を与え、北上という地域も動かし始めることになっているのかもしれない。

震災から四年目、子どもたちに通常の学校生活が戻って来たのか、元気を取り戻しつつあるのか、日々考えながら子どもたちと過ごしてきた。仮設住宅から通う子どもたちはそのままの状態、保護者の仕事がようやく軌道に乗り始めたばかり、それでも北上小の教室には毎朝、歌声が響き、校庭では元気に走り回る姿が見られる。新生・北上小の二年目の歩みを確実に進めてきた子どもたち。五年後には高台に新しい北上小の校舎が建設される。その時が本当の北上小の始まりになるのかもしれない。

それまでは、谷川俊太郎さんの言葉のように「あたらしい　いのちの　かのうせいを　わたしたちはつくる」という気概を持ち、目の前の子どもたちの指導にあたりたいと思う。そうすることが、この震災で亡くなった多くの子どもたちの

「もっと生きたかった」という思いに応えることにもつながるはずだ。

今、東北以外では、東日本大震災に関するニュースが少なくなり、復興が成し遂げられたという受け止め方が強いのではないか。大震災を風化させず、これからにつなげていくには、被災した子どもたちが元気な姿で学校生活を送っていることを伝え続けていかなければならない。北上小は、これからも「笑顔で前向きに」歩んでいく。

第二章　教育実践の記録　その一

一　子どもたちとの関わりと本のことなど

――小学五年生の実践

朝の話

一日は、トイレの本棚に並んでいる雑学の本を読むことから始まる。さまざまな雑学の本を集め子どもたちへの朝の話の材料にする。たくさんあっても、そのすべてに子どもたちが興味を示すわけではない。それと子どもたちの今の関心と結びつけて、いかに眠っている朝の子どもたちの頭を刺激するかが大切である。今日は、「人間の鼻の下のみぞは何なのか」に決める。人間の顔ができる時、顔の上の方から下がってきた肉と顔の左右から真中に寄ってきた肉がつなぎ合わさった跡とは、子どもたちも考えないだろう。

万葉集のことなど

それが決まると他の本を手に取る。いつも置いてあるのが『日本の詩歌』（中公文庫）と『万葉集』（岩波書店）である。

詩は、なかなかまとめて読む時間がとれないので、こうして一日二〜三編読む。気に入ったものは、後で教材にしたり、学級通信にのせたりする。万葉集については、こちらが教養が無いので分からないところが多い。しかし、『マンガ日本の歴史』（中央公論）が刊行され、改めて歴史を見直すようになってからは万葉集の背景にも触れることができ興味が出てきた。大化の改新をめぐる動き、異常なほどの回数で都が移され、遷都の計画がたてられた時の歌などを読むと、うなずけるものがある。

三輪山《みわやま》をしかも隠《かく》すか雲だにも心あらなも隠さふべしや（額田王）

歴史と結びつくことによって万葉集がとても身近なものになってきた。

万葉集にはいろいろな花がよみ込まれている。子どもたちは花などにあまり興味はない。しかし、春から夏にかけ、そんな子どもたちだが、見なれぬ花を見つけると名前を教えてと聞きに来る。そんな時、朝の会などで「この花にはこんな歌がある」と子どもたちに話してやるとちょっとしたいい気分が子どもたちにも生まれる。それに相応しいのが『万葉四季の花』(佼成出版社)だ。かたくりをうたった

もののふの八十《やそ》娘子《をとめ》らが汲《く》み乱《まが》ふ寺井《てらゐ》の上《うへ》の堅香子《かたかご》の花　(大伴家持)

や、つゆくさをよんだ

朝《あした》咲き夕《ゆふへ》は消《け》ぬる月草《つきくさ》の消《け》ぬべき恋も我《あれ》はするかも

など、実際に目の前にある花と歌が一緒になるとより味わいがある。

百人一首との一年

私は学校のクラブ担当で毎週子どもたちと百人一首を行う。一学期はこちらが札を読むことが多かったので、一首一首がなんとなく口について出てくる。繰り返しの力というものは恐しいもので、三学期までには多くの歌が上句を聞いただけで下句が出てくるようになる。すると、百人一首がなんとか戦えるようになる。三学期は、子どもたちと源平合戦をやって文句を言われるほどとれるようになった。

百人一首には、落語好きの私にとって忘れられない歌が二首ある。一つは

ちはやぶる神代もきかず竜田川からくれなゐに水くくるとは(在原業平朝臣)

もう一つは

瀬をはやみ岩にせかるる滝川のわれても末に逢はむとぞ思ふ（崇徳院）

知ったかぶりの町の先生が、八五郎から頼まれて「千早振る……」の歌を珍解釈したり、崇徳院の「瀬をはやみ岩にせかるる滝川の」と上句だけを書いてもらった若旦那が、それがもとで恋の病に倒れ、出入りの職人がこの歌をたよりに相手のお嬢さんを探すのだが、クラブ活動中にこの歌が出てくるとつい円楽さんなどが演じている様子が思い出されてにやけてしまう。子どもたちにも百人一首の歌をインパクトを大きくして与えられたら面白いだろうなあと思う。

このように、朝の会ではちょっとした話によって子どもたちが生き生きとし、私の話を待つようになる。

楽しい「文学の森」

朝の話や学級通信には、もう一つ筑摩の「文学の森」をよく使った。これは短編が数多くあり面白く読むことができる。まず話題にしたのが、森毅編の『思いがけない話』の中の「あけたままの窓」（サキ）「魔術」（芥川）「蛇含草」（桂三木助）などであった。面白い話を読むとつい話したくなって、長引いてしまう。その材料がたくさん入ったこのシリーズはいい。本の最初が必ず詩や短い話なので、その中から学級通信に使えるものもあった。

柳の下のドジョウの二ひきめをねらった「哲学の森」が刊行されている。これもなかなか良い内容である。

ことばに親しむ

こんな話で子どもたちとの一日が始まる。子どもたちを刺激し、話や言葉に少しずつ興味を持たせていく。次のようなことも行ってきた。

自分の名前の頭文字を使っての自己紹介。

㋑つでも明るい性格で
㋣もだちいっぱいいるんだヨ
㋒ちの家族は七人家族
㋠ョコレートが大きらい
㋓んぴつ、けしゴムいつも忘れず持ってくる
㋯んなと遊ぶの大すきだ

のような感じで、楽しみながら作っていった。

また、屋上で「雲」（山村暮鳥）を朗読中心にして取り上げたり、参観日には「春のうた」（草野心平）を保護者と一緒に考えたりと、多くの詩を取り上げた。

俳句も取り上げた。夏休みの登校日、学校へ来て出席をとってただ帰すのでは子どもたちにすまないので、俳句を一つプレゼントした。「奥の細道」三〇〇年

にあやかり、「しずかさや岩にしみ入るせみの声」を、学校の裏の山でなく実際のせみの声を聞きながら考えた。「しみ入る」についてさまざまに解釈し合い、せみの声とまわりの静かさについて味わった。

こうして詩や俳句を扱いながら、多くの機会を捉え、子どもたちにも言葉遊びとして俳句?を作ってもらった。朝の会、遠足、宿泊自然教室、秋の深まり、初雪、新年などを題材に。

ガイドさん右に左に気を使う
いがが落ちまわりの山も染めかかる
「おかあさん」夜中にさけぶねごと声
冬の使者白鳥たちはいつや来る
どんぐりに絵をかき遊ぶ子どもたち
もちつきでふっくらおもちつまみ食い
足あとが雪ふる道に見えかくれ

遊び心と言葉の工夫をし楽しみながら作った。

方言の授業

言葉に関しては、祖父母参加日に方言を取り上げた。人の体の部分の言い方から昔と今の言葉を比べていく。ほとんどの子が今使っている言葉しか答えられないが、中には普段ワンパクだがこんなことに食いついてくる子が一番知っていたりして、そういう子を活かすのに役立った。分からない言葉をおじいさん、おばあさんに答えてもらう。子どもたちは、その聞き慣れない言葉が出るたびに驚きとも何とも言えない声をあげた。身体では、①このげ、②まなぐ、③おどげ、④すてこび、⑤ぶのくと、⑥けな、⑦あぐどの七か所を取り上げた。次に、今の言葉と子どもたちの生活している町での方言を比較し、

今の言葉	方　言
かわいい	えらすけ
はずかしい	おしよす
おどろく	どでる
おこる	ごしゃぐ
のどにつまる	のどわげ
腹がたつ	ごしっぱらやげる

の言葉を考えた。おじいさん、おばあさん方が、方言の持つなんとも言えないニュアンスで答えてくれると、子どもたちは笑顔でまねしていた。方言詩集『まるめろ』の中の一編を読み授業を終えると、休み時間には、方言の出し合いで教室はにぎやかであった。

「大造じいさんとがん」への取り組み

これらの取り組みの後、秋に「大造じいさんとがん」の授業を行った。この授業を通して子どもたちと私は、一つ乗り越えたものがあったような感じがした。

「大造じいさんとがん」と言えば、『イメージを育てる文学の授業』（武田常夫、国土社、一九七三）の中で、「〈大造じいさんが手をのばしても……〉とありますね。手をのばすというのは、どういうことなのですか」「どんなふうにしてのばしましたか？」という発問を「困難なハードルをのりこえる鍵として見つけ」て授業したのが、印象に残っている。新任のころにこの発問をそのままに使ったが、当たり前のことながら、子どもたちの反応は惨たんたるものであった。以来、この教材を少しでも深められたらと考えていた。一か所でもいい、子どもたちが乗り越えたらと思って始めてみた。

教材を子どもたちに与え、言葉の意味を調べ、課題作りから授業を進めていっていった。その結果、二五個が残った。まだまだ数としては多い。しかし、関連するところもあるので、話し合いに入った。

一の場面で「特別な方法」で残雪たちを捕えようとする試みを話し合っていたとき、問題になったのは「最初から大造じいさんは残雪をライバルと見ていたか」ということだった。正直言って、こんなところで最初からつまずくとは考えていなかった。一の場面を読めばまだ残雪と対等な関係でなく大造じいさんの方にゆとりが感じられるはずである。しかし、多くの子が「特別な方法」にこだわってライバルだと主張した。もちろん「たかが鳥のことだ」の部分を取り上げて「あまく見ていた」のだからまだライバルではないという意見も出たが、お互いに納得せずこの問題は持ち越すことになった。先が思いやられる出発であった。また今回も深められないままに終わるような気がした。

二の場面でも前のライバル問題が出された。ここでは特に、一の場面で失敗した時の言葉「ううむ！」と二の場面の「ううん」とうなったの比較から意見が出た。

「『ううん』では何も言えないほどつらい」

「次はどうするか何も考えられない」

「こんなにやったのにだめだったか」

「すごいショックでぼうぜんとしている」

などの考えから「これほどまでに頭が良かったのか」というのが見えてきた。それでもライバルということになると、納得しない。


　こうして、三の場面に入っていった。この場面での大きな課題は、「……残雪をねらいましたが、何と思ったか、また、じゅうを下ろしてしまいました」から「ただの鳥に対しているような気がしない」までで、大造じいさんの気持ちの変化を子どもたちに捉えさせられるかである。「じゅうを下ろしたのはおとりのがんを助ける残雪を見たからだけなのか？」それだけではないものがあることを、ハヤブサの恐ろしさ、銃を構えねらっている大造じいさんの中に入ってきた残雪を通して考えていった。

　ここで一の場面のライバルの問題について、また戻らせた。すると、子どもたちの考えが大きく変わってきた。「ライバルとして意識してきたのは、この場面が終わった時だ」という意見が増えてきた。その上、

「残雪には、人間の心があるのだ」

「人間の心がある残雪を初めてここでじいさんは、分かったのでじゅうを下ろしたのだ」

という意見が出て、子どもたちはみなうなずいて聞いていた。子どもたちの顔には、前から続いていたライバルという問題が解決し、新しいものを見つけてほっとした表情があった。

　この山を越えてからは、大切な四の場面もむしろしっとりとした感じで終わった。最後の朗読にはこれまでの学習を振り返りながらのような静かさがあった。実践としては新しいものがない授業であったが、子どもたちの変化が得られた点で、私にとっては印象に残るものとなった。

狂言を見に行く

このような時である、狂言を生で見に行ったのは。町内小学校音楽会を前にした忙しい時期ではあったが出かけた。和泉流の野村狂言である。狂言というと中学時代に国語の教科書に載っていて太郎冠者と次郎冠者が出てきて、なんとなく面白かったなあという記憶がある程度である。その後は、触れる機会が無かった。言葉が難しく聞いても分からないだろうという先入観があった。今回も友人の誘いであったが、しぶしぶ出かけた。

演目は「船渡聟《ふなわたしむこ》」と「蝸牛《かぎゅう》」「六地蔵《ろくじぞう》」の三曲であった。「船渡聟」は酒好きの男の失敗話、「蝸牛」は愚かな太郎冠者とそれをからかう山伏の話、「六地蔵」は悪者が仏師になって田舎者をだまそうとする話である。

特に分かりやすく面白かったのは「蝸牛」であった。山伏を野村万之丞がやり太郎冠者を野村万作が行うという、人間国宝と芸術院賞を三月に受賞した狂言界の代表的演者の二人の顔合わせであった。

山伏が竹やぶの中でひと寝入りしているところへ、長寿の薬になるというかたつむりを求めにきた太郎冠者が出くわす。太郎冠者はかたつむりがどんなものか知らないまま黒い頭襟《ときん》をいただいた山伏をかたつむりと思い声をかける。山伏は太郎冠者をからかってやろうとほら貝を見せたり、鈴懸を立てて角を出すまねをして見せるので、太郎冠者は山伏をかたつむりだと信じこみ、主人のもとへ連れて行こうとする。山伏は囃子物《はやしもの》の拍子に乗らねば行かれないといい、太郎冠者は教えられたかたつむりの囃子物を謡い山伏とうち興じているところへ主人が太郎冠者を探しに来る。やがて、主人も誘いこまれて三人で囃子物に浮かれてしまう。その囃子が「でんでんむしむし、でんでんむしむし、雨も風も吹かぬに、出ざかます打ち割ろう」というもので、とても分かりやすく印象に残るものであった。

特に万之丞と万作のやりとりがなんとも言えず良く、万之丞は山伏の風さいそのままに小ばかにしてやろうとする姿が声、動作に表われ、万作は太郎冠者をそれに対応して見事に演じきっていた。能楽堂ではない舞台であるが、セットも使わずに場を設定する能の舞台には興味が引かれた。ごたごたしたものを一斉省略し演者とごく大切な小道具だけで曲の場を作る。さらに、この四角の舞台を演者がすり足で歩いて場所を変えるだけで場面が変わる。そこには、観る者の想像力の世界を豊かにする魅力があるように思えた。

狂言は演劇のように動作、表現によって言葉が引き出されるのではないということも面白い。あまり動かないで言葉を言うことが多く、動作もデフォルメをしたような形で、無駄な動きを取りはずしたものになっているように思う。

そして、命となる言葉。観る前に私にとっては難しくかなり抵抗のあるものであったが、聞いてみると全然そんなことはなく、分かりやすいものであった。聞く間に言葉一つひとつや、言葉の美しい流れがすうっと身体の中に入ってくる心地良さを感じた。日本語の美しさに改めて触れたように感じた。言葉の応答がまた良い。演者が演者同士で言葉を伝え合っている。当たり前のことのように思うが、何かこれが本当に言葉を発して話をすることではないかと思えるようなお互いの対応があるように感じた。

気があまり乗らないで行った狂言であったが、日本の喜劇を心から楽しめたように感じ、気持ちよく家路についた。その後『狂言役者――ひねくれ半代記』（岩波新書）を読み、別の流派の狂言があることを知った。

このような子どもたちとの関わりを、言葉を主にして行ってきた一年である。その他、図工の寺の写生会の導入で『古寺巡礼』（小学館）やデッサンの参考に使った『デュラー』（集英社）などさまざまな本を子どもたちに与えてきた。

志村ふくみ作品集

年度末に志村ふくみさんが人間国宝に認定された。教授学の会の中でも一時「志村ふくみ」さんは話題にのぼり、宮城の会の友人でも子どもたちの版画と手紙を送った人があった。私も志村ふくみさんの作品に魅せられ、値段も調べずに志村さんの本を注文した。届いた本の請求書を見て驚いた。三万八〇〇〇円也（当時の給料の三分の一強）。ほしかった本が手に入った喜びもあったが、それにしても高いのには閉口した。半分損をしたかなあという気持ちもあったのを記憶している。その本の中には、小さな織りの布が一枚入っている。それだけが実物である。その後『一色一生』が大佛次郎賞を受賞するなど、志村さんの名も一部から広く知られるようになった。その後、しばらく忘れていたが、今回新聞で人間国宝認定の話を目にし、「買っておいて高くはなかった」と思った。にやにやしながら『志村ふくみ作品集』を改めて見直し、子どもたちに見せて話をしてやろうと思った年度末であった。

二　米と車を追った一年間

――小学五年生・社会科の実践

不登校の子の登校と長期入院の子の死で終わった六年生を卒業させ、（もう高学年はしばらく受け持ちたくない）と考えていた状態での五年生担任。子どもたちは素直で、少し物足りない感じがするくらい、前の学年の子どもたちとは雰囲気が違っていた。そんな子どもたちとの一年間で、深く考えることができたのは、社会科における二つの問題だった。

田んぼ作りと田植え

五月の連休が終わり、子どもたちと年間を通して取り組むものとして「米」に決めた。社会科の授業で学習する農業と関連させようと考えたのである。

さっそく、校庭の一角に田んぼを作ることにした。縦一・五メートル、横三メートルくらいの小さな田んぼ。子どもたちと放課後スコップを握って穴を掘り、ビニールシートを敷き、校庭のはずれの畑から土を運ぶ。リヤカーで何度も往復した。水を張ってなんとかかわいい田んぼが出来上がった。苗は、同学年の先生の親戚からもらい受けた。

いよいよ田植え。初めて田植えをする子が多い。苗を分け、植え方を教える。子どもたちは、一人ひとり不安そうな顔をしながらも初めての体験にワクワクしながら、丁寧に植えていった。肥料は農協の方に教えてもらい入れたのだが、これが失敗だった。しばらくして、植えた苗の葉が枯れ始め、田んぼに異臭が漂い、それに気づいた子どもたちが知らせてくれた。水か土のためではないかと考えたが、肥料のやり過ぎということで、せっかく作った田の土を全部取り出し、もう一度新しい土を入れ替えての田植えとなった。子どもたちからの非難の声を心配したが、反対に「これで肥料のことが分かった」と元気づけられた。

米の授業の始まり

一方授業では、米についてグループで調べることを始めた。「米の一生について」「米の種類」「米を育てる一年間の仕事」「農作業に使う機械」等。中には、休みを利用して農家へ出かけ写真をとったり話を聞いてきたり、親戚に手紙を出して教えてもらったりしたグループもあった。その掲示物で教室の壁や天井がいっぱいになった。関心を集めたのが、米の種類の多さである。ちょうど、東北地方で新しい品種（ひとめぼれ、あきたこまち、はなの舞いなど）が話題になっていた時だけに、子どもたちは興味を示した。米の一生についても多くの手間と労力、そして、理科の学習「種の発芽と受粉」との関係などからその特異性に関心を示した。この頃は、米の輸入自由化が新聞等で取り沙汰されていただけに、外国の米に対する疑問が出され、話し合いを通じて「米の輸入自由化を考える」ということが話題に上った。

米の現状について

「ごはんだよ」と呼ばれたら、という質問から授業を始めた。ほとんど「食事」という答えが返ってきた。一人も「おかずのないごはんだけ」を連想した子はいない。このことから、日本人にとって「ごはん」という言葉が、米を炊いたものと、毎度の食事の両方をさすように、米は日本人の食生活の中で中心的な食べ物であることを、最初に子どもたちと確認した。

次に、実際ごはんを食べているかどうかを聞いてみた。思ったよりごはんが多いが、パンや麺類もあった。これは、教科書でも取り上げている「日本人はごはんを食べなくなった」こととも一致している。メニューを聞くと、私たちが子どもだった時代よりも格段におかずの数が多い。

一九六二年に日本人一人一年で一一八キロも食べていたのが、その後減って八九年には約七〇キロになったという。子どもたちは、日本人の現在の米に対する態度を考え始めたようだ。

こんなに食べる米の量が減少すると、農家はどうするかということが問題になった。農家数・農業人口の減少が子どもたちから出された。農家数四二四万戸で米を作っているのが三二一万戸。これがフルに生産すると、一年間に一四〇〇万トンの米が作れるが、消費量は減って約一〇〇〇万トンで十分だという。それで減反になる。農家は、それにたえている。今、世の中がどうなっているかを聞く。「市場開放」という答えがかえってくる。やはり「自由に農家が作れないのに、外国から買うのはとんでもない」と農家の人は考えていることを話す。

女の子に「農家にお嫁さんに行くか」と聞いてみる。一人も手をあげない。ここにも米を作る人が実際減っていく原因があることを確かめた。しかし、子どもたちはまだ日本の米は大丈夫だという顔をしている。

日本と外国の米

日本とアメリカの米の生産量の比較をしてみた。農水省試算で六〇キロ当たりアメリカが一九一五円に対し、日本はどれくらいか？　子どもたちの考えは、三〇〇〇〜五〇〇〇円というのが多かった。一万九七三五円と知ると、一〇・三倍もの差に驚いている。店頭価格でも、コシヒカリ五八〇〇円に対し、アメリカ米は約一二〇〇〜一五〇〇円である。「なぜそんなに差があるのか」の疑問がすぐ子どもたちから出た。それに答えて、日米の農業・稲作比較を提示した。一戸当たりの米の作付面積が日本は〇・九二四ヘクタールに対し、アメリカは一一四・三ヘクタール。これに対しアール当たりの労働時間は日本七二時間、アメリカ二時間という。耕地の広さと機械化の規模の違いから到底かなわないことを子どもたちは実感したようだ。これでは日本の米に勝ち目はない。タイ米も日本をねらっておりアメリカ米より安いことを知らされる。子どもたちは、市場開放は止むを得ないという感じに傾き始めた。

ここで視点を変え、農作物自給率を子どもたちに示した。アメリカ、フランスが平均して一二〇〜一五〇％に対し、日本は減り続けて六〇％くらいである。しかし、子どもたちは「日本は、自動車などでたくさんお金をもうけているからそれで買える」と強気である。多くの子がこの考えにうなずいた。そこで、米・大豆・小麦・トウモロコシの国際価格の長期変動のグラフを見せた。常に各国で作物がとれるとは限らず、とれない時はいくら日本がお金を出しても売ってもらえないことがあることを子どもたちは考えた。子どもたちの安心感が少し揺らいだ

ようだった。追い打ちをかけるように新聞記事を出し、工業の発達が安心してい
られないことを付け加えた。子どもたちは、しばらく静かになって考えている。

市場開放か反対か

外国の米と日本の米について話を戻した。「安い外国の米を買うか」という問いに三分の二近くの子が手をあげた。手をあげない子は「おばあちゃんの家が農家だからかわいそうだし、家でも絶対買わないと言っていた」「一度外国の米を買ってしまうと日本で米をつくらなくなって、ビルが建ったりすると、もう元に戻せない」「外国の米はおいしくないと家で言っている」という意見だった。外国の米は標準米くらいの味で、それほどまずいわけではないことを話す。子どもたちから「食べてみて決める」という声があがる。船に乗っている父親が何人かいるので、「誰か外国の米が手に入らないか」と聞くと、相談してみるという子があった。無理だろうとその時は思ったが、これが後で実現することになった。

味がそれほど悪くなく安いということで、市場開放の方に少し傾いた。そこで新聞の投書欄から「虫わかない米、気になる農業」の記事を読ませる。読み進むうちに子どもたちもドキッとしたようであった。子どもたちの考えが二つに分かれた。結論を出さず、これからそれぞれが考えていくことにして授業を終えた。

虫わかない米　気になる農薬

（公務員31歳）

去年六月、アメリカへ行った義妹から米を土産にもらった。価格は十キロ換算で約二千円。日本の標準米の半値である。味の方は、自主流通米のコシヒカリと何ら変わらないうまさ。これなら米の輸入自由化もいいじゃないかと思った。

ところがである。去年の夏はひどく暑く、わが家の米収納器には、買って十日もしないうちにコクゾウムシが動き回り、しばらくするとカビが生えた。しかし、引き出しにしまっておいたアメリカの米は、虫一匹わかず、カビ一つ生えないのである。あの暑さを平然と乗り切ったアメリカの米。いったい、どう処理されているのだろうか。

それから一年になるが、アメリカの米は不気味な白さを保っている。先日のTVニュースでアメリカの米にコクゾウムシを放ったところ、四日後に死んでしまったと報じていた。きっと大量の農薬による収穫後の処理が行われているのではないだろうか。

私は、虫もわかず、カビも生えないアメリカの米など、一粒たりとも口にすまいと思っている。

（『朝日新聞』「声」欄より）

稲の成長――もちつき大会まで

植えた稲は順調に生育し、子どもたちは登下校時や休み時間に田んぼを見て来て、分けつしたことや伸びてきた様子を知らせてくれる。夏休みには当番を決め水管理をした。米の花についても学習をした。遠足では、「ササニシキ資料館」で宮城県の稲作について学び、昔の農機具などに触れることができた。

秋になり、本当に実るか心配した稲に実が入り頭を垂れるようになった。子どもたちは一安心し、見に行っては一粒こっそり食べてみたりしている。台風の心配があったものの無事に過ぎ去り稲を刈り取った。恐る恐るカマで一株ずつ刈り取り束ね、校舎の屋上に干した。ところがそこに台風が来て、多くの稲穂が飛ばされた。子どもたちは屋上にちらばった一本一本の稲穂を拾って束ね直し、夕方遅くまでかかって掛け直した。ところが、今度はスズメに襲われ、多くの米が食べられてしまった。子どもたちは、それでも落ちた穂と米粒を拾い集めた。農家の人々の苦労をここでも味わうことになった。

十一月下旬。学年全体で親子もちつき大会を行った。体育館に六つの臼を持ち込み子どもたちと母親とでつき、あんこ、きな粉・納豆もちにして食べた。もちつきも初めてでワイワイ、キャーキャー騒ぎながらの一時を過ごした。

三学期に入り、外国の米が手に入った。ニュージーランドで買った米で、日本の短粒種と違い長粒種であった。それを教材で使おうとしている間に学年を終えてしまい担任を離れてしまった。この米は、次の担任にお願いして使ってもらうことになった。もう一つ六年生になった子どもたちに歴史の学習として米を考えてもらおうと、古代米の赤米と黒米を分けていることを紹介し、連絡をとって手に入れてもらった。

子どもたちは六年生になった今年、外国米を試食し、古代の赤米黒米を育てて新たな問題を考えようとしている。

F1が盛んになったわけ

この年、子どもたちが興味を持っていたことに、F1レースがある。休み時間に「アイルトン・セナ」「中嶋悟」などという声が聞かれる。教科書で自動車産業について学習した。その上で、子どもたちが興味を持っているF1で授業をしてみようと考えた。

まず、日本鈴鹿サーキットで行われたF1グランプリレースをVTRで見せた。授業中にF1が見られるということで子どもたちは大喜び。見終わってから静かに「F1がこれほど盛んになったわけ」を聞いた。子どもたちからは、①ドライバー側、②会社・車側、③ファン、その他の側の視点から意見が出た。高額の給料、スピード感、カッコ良さ、有名になる、車の性能、会社の利益、時代の進歩などの意見が多く、男の子たちの憧れが感じられた。

同じVTRを「車体に注意」という視点で再度見てもらった。黒板に世界の自動車会社名（GM、トヨタ、フォードなど）を書き、気づいたことを出し合った。K君が、「F1ドライバーになりたい人がたくさんいても、車を作ってくれる会社がないとF1は盛んにならない」という意見を出した。それをきっかけに、VTRの車のチーム名と黒板の会社名が重なるところがあるのを子どもたちは気づいた。

「会社の車の性能をためす」

「会社の競争」

「車の自慢」

「車を売るため」

などの意見が出て、Ｆ１について考える下地ができてきた。

　次に、「Ｆ１で勝つために年間経費としてどれくらい使うか」を聞いた。数百万円から数千万円、一億円までの額が出た。「一〇〇億円」と板書し、「みんなが社長なら、レースに一〇〇億円出すか」を考えた。意見が半々に分かれた頃、Ｉ君が「ホンダが一年間でどれだけ車を売っているかを調べてから考える」という意見を出した。子どもたちは賛成し、調べてみることにした。子どもたちの予想は、一〇〇〇台～九〇〇万台くらいまで。金額としては一五億円～一〇兆円までさまざまであった。資料から、ホンダは一九八七年で一二四万台を生産し、一台一〇〇万円と考えて、一兆二四〇〇億円の生産額であることを確かめた。そのうちの一〇〇億円である。「一〇〇億円出すか」の問題に戻った。「出す」の方の意見は、「会社の車が有名になってもうかる」「一〇〇億円の何倍もの宣伝になる」「性能を試せる」などで、「出さない」方は、「勝てばいいが負ければ損だ」

「新しい機械を買った方がいい」「コマーシャルや研究費にまわした方がいい」などの意見だった。

話し合いのときに「出さない」意見の子どもの中から、「レース車と乗用車は違うからレースで勝っても普通の車には関係ないから、宣伝や性能のためにはならない」という考えが出た。この問題を考えるため、「一九六五年からの世の中と車やレースの移り変わり」についてのＶＴＲを見せた。その中で「日産の車がレースで優勝し、その車のエンジンが一般車にも使われるようになった」というナレーションが流れたところで、子どもたちの意見が変わった。

「レースの中で性能を高めることがやはり必要だったんだ」

「レース車の技術を少し落として普通車にも使われているんだ」

という考えが強くなり、「一〇〇億円使って技術を高めることは必要だ」という声が多く聞こえた。ここで、新聞に載ったＦ１のホンダチームの人の話を聞かせた。これでだいたい子どもたちの考えが落ち着いたようだった。

車と世の中――利点

視点を変え、「車が増えたことで世の中が変わったこと」を考えてみることにした。子どもたちからは、

《便利さ》
○スピードが速く便利、○時間の節約、○遠くへ行ける

《産業面》
○機械関係の仕事が増える、○車関係の工業やサービス業が増える、○技術向上

《道路面》
○高速道路が増える、○道路が整備される

《自然面》
○排気ガスで自然破壊、○スクラップでゴミが増える、○酸性雨に関係する

など多くの問題が出た。その中から、「産業面」について考えてみることにした。

《交通面》

○交通事故が増える、○駐車場の不足、○道路の混雑

先のF1のVTRのコマーシャルに注目させた。すると、子どもたちからは「ガラス」「石油・ガソリン」「部品工業」「タイヤに使うゴムの産業」「シートに使う布の産業」「ガソリンスタンド」など、車の増加と共に発展してきた産業や物品があることが出された。加えて、自動車工場に働くロボットの姿をVTRで見せ、ロボット産業と自動車との関わりにも触れた。

ここから、産業人口にしめる車関連産業に従事する人の割合を考えた。日本の産業人口は六〇〇〇万人であり、そのうちどれくらい車関係で働いているかを聞いてみた。子どもたちの予想で最も多かったのは一〇〇万人である。一九八六年頃には約四八九万人であり、予想よりはるかに多く、子どもたちを驚かせた。生産額は一九八八年が一二七〇万台、一台一〇〇万円と考えると一二兆七〇〇〇万円になり、工業・製造業の生産約一〇〇兆円の内の八分の一になる。この多さも

驚きだったようである。自動車産業が産業全体の活性化をうながし発達してきたことを確かめた。

車と世の中――困る点

子どもたちは、世界に誇る日本の自動車の良い点だけを学習し、満足しているようであった。

そこで、次に自動車産業が発達して困ることを話し合った。まず交通事故。一年間の死者は、五〇〇〇人～三〇〇〇万人と予想が分かれ、その中で五〇〇〇人以上が多かった。死者は年々上昇し、一万人以上に達していることを示す。この数は、どうして出てくるのか。子どもたちは、「スピード」「不注意」「違反」「車・人が増えた」という意見をあげた。

この中の「車の数」に注目することにした。「一年間生産される車を並べたらどうなるか」を聞くと、子どもたちは計算を始めた。先に出た年間生産台数一二七〇万台に、一台当たりの車体の長さ三メートルをかけてみると、三万八一〇〇キロメートルになる。日本の高速道路は三九一〇キロメートルで、車を並べた長さはその一〇倍にもなる。この数に、「車は道路を走れなくなる」「これだけ混んでいれば、交通事故が起きるのもあたりまえ」という意見が出て、根本的な原因をつかんだようだった。排出ガスと酸性雨の問題にも触れた。時間が少なくなり、最後に、「東京モーターショー」の本を見せ、各社のキャッチフレーズから車の未来と環境の問題をまとめて考えてみた。子どもたちから「車産業がこれまでの方向から、資源や環境を大切にするように考えている」という多くの意見が出された。そして、新聞社説「モーターショーの夢と現実」を読ませた。それを読み終える頃には、子どもたちが出した問題の解決の糸口が見えてきて、うなずく姿が見受けられた。一つひとつを深く触れることはせず授業を終えた。

これらの取り組みによって問題や物事を追求する力をつけていった子どもたちによる共同制作「蜘蛛の糸」の絵が子どもたちのいなくなった教室に残った。

三　「春のうた」の授業——小学三年生の実践

一回目の授業

初任研担当になり、授業をすることになった。昨年から担任を離れ授業をする機会が少なくなってきていた。そんな折の初任研の担当である。これでいくらか授業にかかわれると思った。

新任さんに授業を見せなければならなくなり、いろいろ考えた結果国語ですることにした。一時間だけの授業ということになると限られてくる。進度にも影響しないものと考え、詩の授業をすることにした。

題材は何にするか。三年生ということで、詩の本をひっぱり出したり、これまでの実践を読み返したりしたが、どうもピンとくるものが見当たらない。そんな時に、渡辺皓介先生の実践を思い出した。「春のうた」は四年生の教科書にのっている教材である。三年生には難しいかもしれないと思われたが、授業の組み方を工夫することにし、なんとかやってみようと踏み切った。安易に決めてしまい後で後悔するのはいつものこと。今回もそうなってしまったが……。

春のうた

草野心平

ほっ　まぶしいな。
ほっ　うれしいな。
みずは　つるつる。
かぜは　そよそよ。
ケルルン　クック。
ああいいにおいだ。
ケルルン　クック。
ほっ　いぬのふぐりがさいている。
ほっ　おおきなくもがうごいてくる。
ケルルン　クック。

ケルルン　クック。

この詩は春を迎えた蛙の喜びの高まりを歌ったものである。それは「ケルルンクック」という蛙の言葉に凝縮されており、四回出てくるこの言葉に感動の高まりが表れている。「ケルルン　クック」をどうあつかうか。読みで、その違いを表せるようにすればよいのだが、そのための手立てをどうするか。子どもたちがこの言葉をどう捉えるだろうか、それによって授業の進み方が決まると考えてもいいように思えた。武田常夫先生の『詩の授業』の中で、この詩を取り上げた部分が載っていたのを思い出す。

……これが冬眠からさめた蛙の歓喜のうたなのだということに気づいている子はひとりもいなかった。

いそいでそのことに気づかせなければならない、とわたしは思った。……わたしはそのための手がかりを何ひとつ用意してはいない。……

この詩はね、冬眠からさめたかえるのうたなんだよ。……
と、そこまで言ってわたしがことばをきったとき、ほとんど、どよめきとも思えるような子どもたちの声がいっせいに涌きおこった。

「ケルルン　クック」が子どもたちを詩に入りこませる鍵だと思いつつも、このように子どもたちに捉えられてしまっては、かえって大変である。武田先生のように説明してしまったほうがよいのか、それとも別の手立てを使ったほうがよいのか、判断できずにいた。

そんな時に、「秋の夜の会話」を見付けた。少し難しいが、「春のうた」の前に蛙を歌った詩として、使えそうに思えた。使うにしても話し合うことはやめ、こちらの朗読と説明で子どもたちに冬眠について気づかせようと思った。

冬眠からさめた歓喜であることに気づいた後での「ケルルン　クック」を高めていくには、やはり地上に出てきた蛙の様子とまわりの情景やそれへの働きかけなどから、最初の「ケルルン　クック」に迫ろうと考えた。

二回目の「ケルルン　クック」は、「ああいいにおいだ」を受けてのものなので、「ああ」にこだわってみようと思う。最後に二つ続けてある「ケルルン　クック」。蛙の目がいぬのふぐりからくもに移っていってからのこの言葉である。蛙の心の広がりからの「ケルルン　クック」に、子どもたちの気持ちも同じように高まることができる。

この詩には、同じように繰り返されている言葉として「ほっ」がある。しかし、その違いを云々することはやめようと思う。その労力に比べて得るものはあまりなさそうだし、子どもたちを変に混乱させるだけだ。

この詩は、とにかく子どもたちに声に出して何度も読ませようと思う。読んでいく中で子どもたちで感じるものが出てくるだろうし、リズムも体で感じてくるだろう。そのためには、読み進めながらなんとか朗読する場面を作ろう。一つひとつ確かめて、それを朗読でも表現しその相乗効果で次の読みを深めていこう、そんな展開ができればいいと思う。子どもたちとは、初めての授業なので、その点心配なところもあるが、楽しくやることによってなんとか切り込もうと考えた。

授業の日。五月三十一日（月）。子どもたちより一足先に教室に入り、子どもたちを待った。外に遊びに行った子が多く、少し待つ。そのうちに「春のうた」の詩を書いたプリントを渡し、読んでいるように声かけをする。子どもたちが揃い授業に入る。

「今日は、「春のうた」という詩をみんなで勉強します」

と、子どもたちに話し始める。少し、声に緊張があるように感じられる。声を揃えないで、自由に読むように促したが、なかなか声が出ない。声を出すように言う。今度は、声が出ているが全員揃っているので、途中で止め、声を揃えなくてもよいことをもう一度話す。

子どもたちが読み出す。読み進むうちに一人ひとりの声が感じられるような読みになっていった。全員が読み終わったところで、一人の女の子を指名する。

女の子が読む。

「ゆっくりと読めたね。最初の、ほっまぶしいなのところがすごく良かったね」

まわりの子もよく聞いていたことをほめ、もう一人に読んでもらう。

女の子が読む。

小さい声だが、ゆっくりとしっかり読んだ。ああいいにおいだをほめ、最初の発問に移った。

「この詩の中で分からない言葉がある？」

子どもたちからは、真っ先に「ケルルン　クック」が出された。手をあげないが、女の子が
「いぬのふぐりがさいている」

とつぶやいた。まずそれを取り上げると、一番後の元気の良い男の子が、照れくさそうに
「おおいぬのふぐり」

と、教えてくれる。

「見たことある人」

という問いには、たくさんの子の手があがった。

「大きいか、小さいか」

に対しても、すばやく
「小さい」

と、反応があった。

「何色だ」

「青」

つぶやいた女の子も納得したような顔をしている。

また、「ケルルン　クック」がでた。何だろうと聞いたが、反応がないので「この詩を読んでいくうちに考えてみよう」と、ここでは取り上げることをやめた。

「この詩に、何書いてある？　ライオン寝てること書いてある？　おばけのこと書いてあるか？」

と、ゆっくりと聞いてみる。

「春、春」

の声。

「どこから春のこと書いてあると分かる?」

と、追い打ちをかける。

「見付けた人」

「かぜはそよそよ」

多くの賛同の声があがる。

「前に六年生と勉強した時に、かぜはそよそよと答えた人はなかったのに、みんなはすごいね」

子どもたちは、気を良くしたのか
「みずはつるつる」

「ああいいにおいだ」

「ああいいにおいだは、どうして春のこと?」

「春の木や草花の匂い」

「ほっまぶしいなも春のこと」

「先生、考えなかったな。どうしてそこ春のことなの?」

「春は、日がくれるのが遅いから」

「お日さまのことだ」

　ここで、まぶしいなについて聞いてみた。

「ほっまぶしいなって、誰が言っているんだろう?」

　この問題を、子どもたちがすんなり通り抜けられるかどうかが授業に入る前の不安だった。どうなるか。恐る恐る、子どもたちの声を待った。

「人間」

　最初に出てきたのが、「人間」だったので正直のところ少し気持ちが沈むのを感じた。そんな、こちらの気持ちを無視するように、子どもたちは次々に
「人間、人間……」

という声があがった。動揺する心を静めるように、

「草野心平さんが書いたもう一つの詩を紹介します」

と、「秋の夜の会話」を黒板に貼り、静かに読み始める。

「ここで、さむいねと言っているのは、「春のうた」にも出てくるもんなんだよ」

と、気づいてほしくて苦しい発問をした。

「かぜだ」

「へびだ」

「昆虫」

「みみず」

「もぐら」

「それを考えながら、先生が「春のうた」を読みます。みんなも考えてください」

ゆっくりとケルルン　クックの違いが分かるように読んでいった。

「あ、ケルルン　クックだ」

と、突然聞いていた子どもが叫んだ。読み終わると、方々から
「ケルルン　クック」

「ケルルン　クック」

と、声があがった。

「蛙」

何人かがそうだという顔をしてうなずいた。

「すごいね、さっき話した六年生なんか最後まで分からなかったのに」

「そうだね、蛙の鳴き声だね。どうして、鳴いているの」

「うれしいから」

「どうして、うれしいの？　どこかに書いてある？」

「春になったから」

「土の中から出てきたから」

「みずがつるつるしてるから」

「かぜがそよそよしてるから」

「冬眠から出てきたから」

冬眠を知っている人を聞く。ほとんどの子どもが手をあげた。

長い冬の間土の中で食べることもしないでじっとしている蛙のことをゆっくり子どもたちに話す。

その蛙が、初めて土から出てきた日の歌だということを、ここで子どもたちに

知らせた。子どもたちは、その蛙の嬉しさを
「食物が食べられるから」

「泳げるから」

「自由になれる」

「いろんなところに行けるから」

「春になって暖かいから」

「きれいな空気が吸えるから」

などと、話してくれた。

その喜びで子どもたちに読んでもらった。ゆかりちゃんが読んでくれた。

「ケルルン　クックの感じが出ていたね」

と、ほめた。

ここで、「みずはつるつる」を問題にすることにした。そのわけを尋ねてみる。

「氷から解けたから気持ちいい」

「自然の水だから」

「濁っては?」

「いない」

「春で暖かいから」

子どもたちに書かせてみようと、「みずはつるつる」の下にどんな言葉がつながるか書かせてみることにした。そう言ってしまい、子どもたちの間を回ってみながら「やはり、まずいことをさせてしまった」と思った。子どもたちは、発問の意味を考えられずにいるようだった。かといって、質問することもできずにいた。時間をとっても意味がないと思い一人の子を指名した。

「みずはつるつる冷たいな」

もう何人か聞いてみる。

「みずはつるつる楽しいな」

「みずはつるつるいい気持ち」

「みずはつるつる嬉しいな」

「みずはつるつる寒すぎる」

「じゃ、かぜはそよそよ何だろう？」と聞くと
「ふいてくる」

という答え。これについては、あとは聞かず、

「その次の、ケルルン　クックだけど、普通蛙はどう鳴く。ゲロゲロだね。どうして、ケルルン　クックなんだろう」

と、なげかけてみた。

子どもたちからは、「うれしいから」という答えしか返ってこなかった。それ以上の手立てを持っていないので、また朗読してもらうことにした。

女の子が読む。

ゆっくりとして、一つひとつの言葉をかみしめた読みである。

「とてもいい読みだね、春になって土の中から出てきた蛙さんの気持ちが良く出ていたね」

もう、時間も迫っていた。朗読を何度かして終わらせてもいい感じがした。しかし、「ああ」にこだわらなければということが頭にあり、聞いてみることにした。

「ああは、どんなふうにして使う？」

「ああ、財布落としてしまったときつかうね」

「ああ、忘れてしまったも使うよ」

という声があがる。

「試合に負けた、ああ、もあるね」

「ああ、池に落ちたもあるよ」

「ああ、ねむたいだってもあるよ」

「あくびのああもある」

「おどろくああは？」

「ああおいしいも」

いっぱい出てきたことをほめ、

「ここでの「ああ」はどれだろう」

と問いかけてみた。最後に出した、「ああおいしい」を取り上げ、同じかどうかを誘いのように出してみた。子どもたちは、「同じだ」という顔をしている。

「みんながお家に帰って、今日のおやつ何？　ケーキ。食べ終わって、「ああおいしかった」という時の「ああ」と同じだね」

「料理もいい匂い」

と、男の子が口を挟んだ。

「そう、ああいいにおいだ」

と、さもうまそうに言ってみせると、子どもたちも真似をしている。

「その次のケルルン　クックは何だろう？」

と、急いで確かめようとすると
「いい匂いだから、ケルルン　クック」

とすぐ反応が返ってきた。

ここで、それを確かめるように男の子に読んでもらう。

男の子が読む。

たどたどしいながらも、ケルルン　クックを意識した読みだ。

「ケルルン　クックが良かったね。喜んでいるのがよく出ていたね」

と話し、最後の「くも」に移った。しかし、子どもたちは、空を指差し昆虫のくもという感じを持っていないようだった。こだわらないことにし、最後の二回ある「ケルルン　クック」を聞いてみた。

「どうして、このケルルン　クックは二回なんだろう？」

「気持ちいいから」

「嬉しい気持ちだから」

ここでも、深く問うものを出せないまま、読みに移らざるをえなかった。子どもたちは落ち着いた読みをしている。

チャイムがなったが、一人の子を指名し読んでもらう。

女の子が読む。

しずかな声で、ゆっくりと読む。

その子どもの読みをほめ、授業を終わらせた。

授業は、やはり「ケルルン　クック」が蛙の鳴き声だということを子どもたちが捉えるところでつまずいてしまった。ここに時間を使ってしまい読みによって深めるということができずに終わった。

また、子どもたちに自分の意見を書くということにも手を出してしまい、内容的にあまり意味がないことをしてしまった気がした。

二回目の授業

一回目の授業の解決をしてみようと考えていた。そんな時、同じ三年生で前回授業をしたクラスの隣のクラスの担任が出張することになっていたので、頼み込んで二回目の授業をすることにした。

今回の授業で変えてみたのは次の三つである。

①教材の中に教科書に書いてある「かえるは、冬のあいだは土の中にいて春になると地上にでてきます。そのはじめての日のうた」という部分を入れること。

②「秋の夜の会話」は使わない。

③「みずはつるつる」のあとに続く言葉を書かせる作業はしない。

子どもたちと「ケルルン　クック」を問題にするとき、クイズのように「蛙」を出させることに時間を使うより、蛙の鳴き声だということを早く分からせてから「ケルルン　クック」の違いを深めていったほうが授業として意味があるように思ったからである。

二つ目の問題は、三年生にとって「春のうた」を読むためのヒントにする教材として「秋の夜の会話」はかえって難しくて不適切だという気がしたからだ。

書く作業はこの詩の場合、流れを壊してしまうほうが大きく、むしろ朗読によって押していったほうが子どもたちの読みを深められるとも考えた。

しかし、②、③を省いた分のそれに代わる手立てはない。①が入ることによって、子どもたちがどう動くかに賭けるしかない。これは、ある面でまた失敗の授業の繰り返しになることが目に見えているようなものだ。授業を組み立てるときに考えた後「ケルルン　クック」にもう一度立ち返ってみることしかないような気がした。この言葉を発する前に蛙が感じた多くのもの、この部分をできるだけ具体的に子どもたちに捉えさせることが大切なように思えた。その上に立って、蛙の口から出た「ケルルン　クック」を朗読を通して表現し、詩の中身に入っていく。その過程を丁寧にやるしかないように思えた。

授業の始まりのチャイムが鳴る。子どもたちは遊びに行っていて何人かの子どもがまだ教室にいない。子どもたちにプリントを配る。プリントをもらった子どもたちから、詩を読む声が聞こえてくる。「なんだこれ」という声が混じる。

子どもたちがそろったところで、ゆっくりと「草野心平さんという人の書いた、春のうたという詩を一緒に読んでみます」

と、話した。

「揃えることはないから、声を出して読んでみてください。何が書いてあるか考えながら」

早く読む子、「ほっうれしいな」をいい感じで読んでいる子など、一人ひとりの声が感じられる。読み終えた頃に

「だれか読んでみてください」

の声にすぐ半分くらいの子どもたちが反応した。遅く入ってきた元気な和也くんを指名する。

和也くんが読む。

ゆっくりとした、確かな読みで、遊んでいる時の元気さとは違った落ち着きがある読みである。ケルルン　クックまできて、ケルルルルン　クックと読み、子どもたちの笑いにあう。「草野心平さんよりいい言葉見付けたね」と、子どもたちの笑いを否定し、もう一度読み直させた。一つひとつを確かめるように読み切る。次に、女の子を指名する。

女の子が読む。

「ケルルン　クックいいね」

という声がすぐ子どもたちから出た。わたしもうなずき、そのことをほめた。

読みたいとまだ多くの子が手をあげたので、いつかさんに読んでもらうことにする。

いつかさんが読む。

いくぶん自信がないようだが、言葉に気をつけながらの読みである。そのことを子どもたちに話しながら、いよいよ内容についての発問をする。

「どんなこと書いてある？　ライオンのこと書いてある？　おばけのこと書いてある？」

「人間」

という答えに続いて
「雨蛙」

という声。

「春のこと」

「犬のこと」

（いぬのふぐりから、そう考えたのだろうと思った）

「蛙のこと」

「くも」

「くもって、どっちのくも。動いている蜘蛛？　それともただの雲？」

　こちらが言いそうになったことを言う。

「かぜのこと」

「うしがえる」（子どもたちの笑い声）

　まだ手があがっていたが、取り合わないで
「一番多かった意見は何？」

「蛙」

と、一斉に声があがる。その声が収まって、どこからそれが分かるかを聞いてみた。子どもたちは、ちゃんと書いてあるじゃないかというように、口をとんがらせて、付け加えた「かえるは冬のあいだ……」のところを読み始めた。それをほめ、蛙がどんな蛙かはみんなの考える蛙でいいことを話し、子どもたちから出た春について攻めようと、

「春って、どこから分かるか？」

　すぐ、四人の子の手があがる。それには触れないで、もう一度ゆっくり

「春のことだと分かること、どこに書いてあるの？」

と繰り返した。

「題名に書いてあるよ」

「そうだね、そのほかには？」

「かぜに書いてある」

「どうして。春の風だとかいてないのにそう思ったの？」

「あたたかい風だから」

と元気な男の子の声。

「ああ、あたたかい風。どうしてあたたかい風だと思う？」

「今、風について出たから、この風はどんな風かな？」

「なまぬるい風」

「そよそよ」

「そよそよの風、蛙はどんな気持ちかな？」

何人かの男の子が注意を引こうと元気に手をあげる。今まで一度も答えなかっ

た子が、小さい声で
「春が近づいてきた」

と、ぽつんというのが聞こえた。それに反応するように、

「冬から春に変わってきた」

「春の始まりの歌だ」

　子どもたちからは、蝶々も出てくるなどのつぶやきも聞かれた。ここで最初に戻って、

「ほっまぶしいなは誰が言っているの？」

と、問いかけた。最初の授業では、「人間」という声があがり、ここからなかなか出ることができなくなったことが頭をかすめる。そんな心配に関係なく、子どもたちの手があがる。

「人です」

　別の子を指名する。

「蛙です」

子どもたちは、この二つの意見を言い合う。こちらははっきりさせようと、少し強引なように思ったが、手をあげさせることにした。

「人間がまぶしいなと言っているのか？　それとも蛙が言っているのか？」手をあげてと言う前に、一人の男の子が
「蛙が心の中で言っている」

と、口を挟んだ。

「ほう、どこからそれが分かるかな？」

「しゃべっても誰も分からないから、心の中で言っている」

子どもたちは、蛙、蛙と言いながらうなずいている。

「普段さわいでばかりなのによく考えたね」

と、その子どもの頭を撫でてやりながら、

「うれしがっているのは誰ですか？」

と、続ける。

「草花」

「蛙」

「蛙は冬の間は土の中にいて、春になって出てきたからうれしい」

この意見にも多くの子が賛同の声をあげた。

「木もうれしいと思う」

と、子どもたちの意見は広がっていったが、ここでもこれらの中でこの詩でうれしがっているのはと聞くと、「蛙」という声が返ってきた。この声を受け、読んでみることにする。

誠くんが読む。

声は小さかったがケルルン　クックの違いが感じられる読みだ。次に玄太くんを指名する。

玄太くんが読む。

少し早いが聞いていて気持ちの良い声での読みである。

「蛙になってのうれしさがああいいにおいだに出ていていいね」

とほめ、他の子へも蛙さんになって読むように促した。

子どもたちが読む。

一人ひとりの声がはっきりし、途中は蛙のうれしさの和音のように感じられる部分があった。この読みで、だいぶ内容に入っていけそうな感じがした。そこで次の発問に移ることにした。

「みずはつるつるってあるね。さあ蛙さんはどこでみずはつるつると思っているんだろう？」

「川だと思います」

「どんな川の水？」

「きれいな」

「池」

「沼」

「沢」

「田んぼ」

「いっぱい出たね。一人ひとり思っている水のところは違っていていいよ。でも、どうしてそこにある水がつるつるなんだろう?」

さっきまで元気に手をあげていた子どもたちが、少し静かになって考えている。

自信なさそうに、一人の子が答えた。

「少し凍っているから」

「水がとうめいできれいだから」

「ずっと土の中にいたから、春になって水に出たからなつかしいから」

「水が凍るようにつるつるしている」

「土から出たばかりだから、春になったばっかりだから、太陽の光が水に反射して」

と、言葉を選びながら発言が続いた。

「すごいね。よく考えたね。六年生でもみんなが今考えたようなこと出てこなかったよ」

とほめた。子どもたちから出てきた考えに感心し、その考えを大切にして、

「地上に出てきて、初めて水を感じ、風も吹いてきて、春なんだなあと思った。

そして、ケルルン　クックと出てきた。これはなんだろうね？」

と、最初のケルルン　クックに触れた。

一人の子が、突然「ケルルン　クック」と鳴いた。それを聞いて、

「蛙が喜んでいる声だ」

という答えが返ってきた。

「いいこと言ったね。でも、蛙は普通どうやって鳴く？」

子どもたちはすぐ反応して「ゲロゲロ」「ケロケロ」などの声をあげた。ここでその声を入れて詩を読んでみる。

「……かぜはそよそよ　ゲロゲロ」

子どもたちから笑い声があがる。次に、ケルルン　クックで読む。

「……かぜはそよそよ　ケルルン　クック」

子どもたちは、一瞬その違いを確かめているようにシーンとしていたが、やがて男の子の何人かが「ケルルン　クック」と気持ちのいい声をあげた。女の子が、

「自分の気持ちが蛙さんのケルルン　クックになっている」

「土の中では、しゃべれなかったから、最初の声」

「じゃ、どんな声で言ったんだろう？」

何人かが手をあげた。

男の子が読む。

かぜはそよそよで少し休み、息をためて、ケルルン　クックをいう読みであった。

別の男の子が読む。

ケルルン　クックを意識するあまり、オーバー気味の読みになった。

女の子が読む。

うれしさを確かめるような読みで、ケルルンで止め、クックと明るく読んだ。

別の女の子が読む。

ゆっくりと読み始め、かぜはそよそよでやはり少し止め、ケルルン　クックも優しく読んだ。どの子の読みも最初の時とだいぶ変わってきた。

「ああいいにおいだ」に移ることにする。

「ああいいにおいだ。ハンバーグのにおいでもしたのかな」

元気に手があがる。

「春のにおい」

「いぬのふぐりです」

「知ってる?」

あまり手があがらないので、

「おおいぬのふぐりだよ」

と説明すると、

「ああ、小さい花」

「青くて、中が白いんだよね」

安心したような声で続いた。

「草とか木とかあったかいにおい」

「土の中にずっといて、やっと出たから、土の中でみられなかったから、景色のにおい」

「風のにおい」

「春の風がしみ込んできているにおい」

「森とかのにおいもする」

たくさんの考えが出てきたので、ああいいにおいだを言わせてみようと思った。

男の子が読む。

前にケルルルルン　クックと読んだ子だったが、自信が感じられ、間違うこともなくああいいにおいだをゆったりと読む。

女の子が読む。

みずはつるつる、かぜはそよそよの違いがはっきりしていて、ケルルン　クックと、ああいいにおいだを味わうように読んだ。

男の子が読む。

ああいいにおいだまでの盛り上がりがとても良い読みになってきた。

ここで最初に男の子が言った「くもって二つある」という問題を取り上げた。

子どもたちの声は空の雲の方が多く聞かれたが、手をあげさせた。全部の子が、空の雲の方に手をあげた。そこで、蛙さんは虫の蜘蛛食べたくなったので、動いてきた虫の蜘蛛みつけたんじゃないのと誘導してみたが、子どもたちは乗ってこない。そこで、蛙の見てきたものを振り返ることにした。

「最初に見たのは？」

「いぬのふぐり」

「どんな高さにある？」

「下」

「雲はどこにある？」

「上」

しかし、これには子どもたちはあまり乗ってこなかったし、こちらにも踏み込んで理解させる意味をあまり感じなかったので、最後の二回続くケルルン　クックに移った。

「今まで、一回しかなかったケルルン　クックここにどうして二回あるんだろう？」

「あともう言うことがなくなったんです」と言う声。うなずく子が多い。子どもで終わらせることにした。ケルルン　クックを意識しながら読むことを言う。子どもたちは、めいめい自由に読み始める。気持ちのいい声が聞こえる。

初めに読んだ子と、これまで読んでいない子を指名し、読んでもらう。

四人の子どもが読む。

どの子も自分の感じたことが読みになっていた。それをほめ、授業を終えた。

四　「かさこじぞう」の授業——小学二年生の実践

二学期になり二年生担当の同僚と何気なく物語の授業についての話をするうち、「かさこじぞう」の授業をすることになった。

このクラスには、一年生の時から担任が出張の時など代わりに行っていた。四〇名のクラスで男の子が多く、クラスの中で泣いたり、喧嘩をしたりすることが多く見られた。それを押さえるために、きちっとした躾をしてきたようで、授業中に発言する子はあまり見られない。発表する子以外は、静かにしているものの手悪戯や、鉛筆で何かを書き時間を過ごす子が多く見られる。

一緒に国語の教科書を読んだとき元気がない読みが続いたことを思い出し、不安な気持ちになった。この子どもたちと、どうやって「かさこじぞう」を読んでいこうかと考えた。

教材の中の言葉を大切に扱い、そこからその場その場のイメージを深めさせ、読み進む以外にないかなと考えた。言葉に表れないじいさまやばあさまの仕事や考えを引き出すことも大切にしようと思った。

安心も束の間

最初の場面。ここでは、じいさまが息をついて言った言葉、

『ああ、そのへんまでお正月さんがござらっしゃると……』

から考えていった。

「ため息ついてみて」

と突然言うと、子どもたちは一斉に反応した。

「うまいね。ため息どんな時つくの？」

「がっかりした時」

「いやな時」

「疲れた時」

など、いつも手をあげる子以外にも自信なさそうに手をあげている子も見られた。

「『ああ』って、どんな時につかう？」

「ああ、やっと勉強が終わった」

「ああ、おもしろかった」

「ああ、またテストか」

「ああ、テストわるかったなあ」

出た中で、おじいさんの『ああ』と同じものを子どもたちと確かめた。

また、じいさまが『座敷を見回した』ところでは、子どもたちから出た二つの見回し方を通して、

「なにかないかとさがしながら」

「ゆっくり見回した」

「はじからはじまでゆっくり」

などの意見が出、言葉から場面の様子を捉えられるようになってきたと思ったが、「ばあさまは見回したかな？」

と確かめるつもりで質問したところが、「見回さない」という意見が多く出て本文から証拠を探すのに多くの時間を使った。

子どもたちは、まだまだ言葉を大切に読んでいないのを実感した。

音の中身を探る

二人がかさを編むところでは、『ざんざら』と『せっせと』の二つの言葉を取り上げることにした。

『ざんざら』については、子どもたちの日常ではほとんど聞くことのない音である。まして、この『ざんざら』という音に軽やかなリズムを感じることが子どもにできるだろうか。

授業の始まる前、学校の裏山に行って枯れたススキを切ってきておいた。それを持って授業に臨んだ。

「二人は、どんなふうにかさを編んでいったのかな？」

「ざんざらすげをそろえて」

「ざんざらすげ？　ざんざらってなあに？」

「すげのなまえ」

「なまえ?」

「ざんざらっていう音」

子どもたちはこんなことからつかえている。

「ざんざらって、何?」

「すげをそろえる音」

「そうね。じゃ、先生がやってみるよ」

と、机の下からススキを出し、「この葉っぱのように細長い葉の植物がすげ」であることを説明し、「そろえて」みる。子どもたちは、静かに見ていた。

「どう、ざんざらっていう音する?」

「しない。ごとごと」

「ばらばら」

「ばさばさ」

「しないね。二人の音はざんざらだね。どう違うかな?」

しばらく、子どもたちは考えている。

「ざんざらって、なんかうれしそう」

「喜んでいるような感じがする」

と、意見が出る。子どもたちは、こちらの予想より、深く読み取っていた。

「せっせと」について、「一生懸命編んでいる様子」という意見が多くの子から出た後「二人は、かさをせっせと編みながら何かをしただろうか」と聞いてみた。

子どもたちは、

「何も話さないよ。一生懸命編んでいるんだもの」

「これで、もちこも買えて、正月が迎えられると考えていると思う」

「早く作って、売りにいこう」

などと答えた。じいさま、ばあさまの姿を少しずつ捉えていっているようだった。

言葉と動作、そして、イメージ

いよいよ、子どもたちが一番気に入っているかさをかぶせてやる場面になった。

まず、最初の文を取り上げた。

『いつのまにか、日もくれかけました。』

「暗くなるのを、じいさまは気づいていただろうか？」

「気づいていた」

すぐ、こんな声が返ってくる。この子どもたちは、こう反応することが多いなあと思いながら、もう一度ゆっくり文を読んで待つ。

「いつの間にかって書いているから、気づいていない」

「とんぼり、とんぼり歩いてきたから、分からなかった」

「なぜ、気がつかなかったの？」

「かさが売れなくて、がっかりして下を向いて歩いていたから」

「かさが売れなくて、ぼーっとしていたから」

もう、子どもたちはじいさまの歩き方を頭に描いていると思い、『とんぼりとんぼり』について聞いてみた。

「とんぼり　とんぼりってどんな歩き方？」

「ゆっくり」

「元気なく」

「がっかりしている」

「すたすたとはちがう？」

「すたすたはもっと元気ある」

「じゃ、とぼとぼとは？」

「とぼとぼの方が少し早くて、元気がある」

「とんぼり　とんぼりはうんとゆっくりで、しょんぼりしている」

「姿は？」

「下を向いて」

「背中や腰が曲がって」

「元気がなくて」

「何、考えている？」

「考えていない」

「かさが売れなくて、がっかりしきっている」

「ああ、また正月が迎えられないなあ」

「ばあさま、がっかりするだろうなあ」

子どもたちは、じいさまの姿をこんなにも捉えているようになってきた。

おじぞうさまの雪を取り、かさをかぶせる場面に移った。ここでは、じぞうさまを見つけた時の
『おお　お気のどくにな。さぞつめたかろうのう』

という言葉から入っていった。

『つめたかろうのう』の『のう』から、かさが売れなくて気持ちが沈んでいる自分と雪に埋もれているじぞうさまがじいさまの中でダブって、こんな言葉が出たということを子どもたちが感じられるだろうかと考えてもいた。子どもたちは、

「のうがあるほうが、本当に寒いだろうなあと思っている」

「つめたかろうのうの方が、すごく冷たい」

と答えたが、それ以上は、深まらなかった。切り込む手立てがなく、次に移った。

「そうして、じいさまはどうしましたか？」

「雪をかき落とした」

「どこの雪」

「かた」

「せなか」

「え、かたやせなか？」

「あ　ちがう。おつむだ」

ここでも、子どもたちは注意していない。

「かき落としてみて」

と、子どもたちにさせる。子どもたちは、頭の雪を払うようにする。

「かき落とすってどうすること？」

「頭かくこと」

「おとすこと」

「その二つだから……」

と、その手をさせる。それらしく手がやっとできた。手で払うのでなく、かき落とすくらいの雪であることをこの後確かめ、じぞう役の子どもたちを決め、やってもらうことにした。

一人の男の子が、自信なさそうに前に出てきて始めた。一人ずつ頭の雪をかき落としてその後に肩や背中の雪を落としている。もう一人の子にやってもらう。その子は、一人ずつ頭の雪、肩の雪、背中の雪を落としていった。子どもたちはどっちだろうと首をひねっている。そこで、

「おじいさんが言った『こっちのじぞうさまは、ほおべたにしみをこさえて。それから、このじぞうさまはどうじゃ。鼻から　つららを　さげてござらっしゃる。』は、どうしている時言ったのか?」

と聞いた。すると、立っていたじぞう役の子が

「かき落としながら言った」

と、答えた。多くの子がうなずいた。

「どうしてやりながら言ったの？」

「雪をかき落としながら、一人ひとりのじぞうさまを見ているから」

「顔を近づけているから、しみやつららが見える」

「雪が降っているから、待っていたらまた積もっていくから」

子どもたちの考えのように動作をしてみる。そうだ、そうだという顔をして見ている。そして六人目まで終わった。そして、

「最初のじぞうさまを見ると」

「また雪が積もっている」

「じいさまはどうしただろう？」

「かき落としたら、すぐかさをかぶせた方がいいって考えた」

それを聞き、かさをかぶせる動作をしていく。

「おじいさんの手はどうなっているだろう？」

「真っ赤になっている」

「霜焼けも出てきそう」

「こごえている」

子どもたちも一緒に寒そうにしている。その手で、紐もしっかり結んであげたことも確かめて、動作化してみた。そして、

「じいさまが、五人目までかさをかぶせ、最後のじぞうさまに手ぬぐいをかぶせるまで、どれくらいの時間があったんだろう?」

と聞いた。じいさまがその時間を考えたことを
「かさはいいが、手ぬぐいだとしみるのでこらえてくだされと考えた」

「かさの方が丈夫だから、手ぬぐいは薄いから最後のじぞうさまには我慢してもらわないといけない」

「そんなに汚い手ぬぐいなら、かぶせなくてもいいんじゃない?」

「かぶせないよりましだから」

「汚いけど、かぶせないよりいい」

「かさは五つしかないから、何かかぶせてあげなくちゃならないと思ったから」

「一人だけぬれたんでは、また雪が積もってきてかわいそうだから、手ぬぐいで

る時間があったことを子どもたちと確かめた。そして、『これで　ええ、これで
　ええ』を問題にした。

「なにがええの。じいさま寒くなったでしょう」

「全部のじぞうさまが雪で寒くなくなったので」

「じぞうさまが、全員ぬれる心配がなくなったので、良かった」

「寒そうに立っていたじぞうさまも、これで大丈夫と思ったから」

「そのかさ、かぶせてしまっていいの？」

「じぞうさま、雪で埋もれないことだけ考えてるから」

「売れなかった分、おじぞうさまにかぶせたから良かった」

「自分よりじぞうさまの方がうんと大切だから、かぶせたのが良かった」

「おじいさんよりいっぱい雪にぬれてかわいそうだから」

子どもたちが、じいさまの気持ちになって考えていくのがよく分かった。

切り崩せないままに

かさが売れなくて帰ったじいさまを温かく迎えるばあさまと二人で、もちつきの真似事をする場面に入った。

「かさをかぶせてから家に着くまで、じいさまの歩き方はどう変わったか」について、子どもたちは、「とんぼり　とんぼり」でなくゆっくりになったと考えた。それは元気が出てきたが、まだがっかりしている気持ちも残っているというものであった。

そこで、

「『ばあさま　ばあさま　今　帰った』は、どこで言ったのだろう?」

と聞いた。声のしない、少しの時間が流れた。しばらくして、続けて三つの意見が出た。

「戸を開ける前に言った」

「戸を開け終わってから言った」

「戸を開けながら言った」

ほとんどの子は開け終わってから言ったという意見だ。一人の男の子だけが「戸を開ける前に言った」と頑張った。開けながらの考えの子はいない。そこで、『ばあさま　ばあさま』の言い方から考えることにした。

「元気がなく言ったと思う」

「おばあさんに心配かけるから、普通の感じで言った」

「おじぞうさまにかさこをかぶせてきたからとんぼりのようにがっかりした感じはなくなったので、普通の感じで言った」

「かさをかぶせたから、少し元気は出てきているので、そんな感じで言った」

元気が少し出てきた感じでいったことは、先の両方の意見の子どもたちも納得した。

女の子が手をあげた。

「ばあさまが『かさこは売れたのかね』と言っているので戸を開け終わってから

やっぱり言ったと思う」

と意見を述べた。この意見に多くの子が賛成した。「戸を開ける前に言った」という子も手をあげた。

「元気な感じで言ったのだから、開ける前に声をかけたと思う」

と自分の意見を主張した。この後、二人の意見について具体的な賛成反対の意見を解決するための手立てがなく、両方の意見を認めることにして、先に進んだ。

　ばあさまに目を向け、

「なぜ『いやな顔ひとつしない』の？」

と聞いた。

「いいことしたから」

「神様にいいことしたからいやな顔しなかった」

「すんでしまったことはしょうがない」

「神様にいいことしたから、いいことが起こると思ったから」

「ばあさまがもしおじいさんと反対だったら同じことをしたから」

続けて、囲炉裏にいるじいさまについて『かぶせるようにして』を取り上げて動作化させた。

「さあ、あたたまってきたか。……何あたたまってきた？」

「からだ全体」

「手」

「顔」

「足」

子どもたちは、体の部分をあげていく。

「その他にあたたまったところない？」

子どもたちは、しばらく考えている。

一人の子が、「体の中」と答えた。それを聞いた子が、

「心」

と、つぶやいた。

「心はどうしてあたたまってきたの？」

「火を見ていたら、心があたたまってきた」

もう少し深く子どもたちは、入っていくかなと思ったが続かなかった。

「あたたまりながら、おじいさんは何を考えていただろう?」

と、発問を変えた。

「今年も、なにもない正月だなあ」

「もちを焼いている様子」

「もちつきのことを思っていた」

「もうだめだな」

「みんなの中は、二つの考えになっているようだね」

ここでも、子どもたちからはそれ以上豊かなイメージの考えは出てこなかった。

この問題を残して、時間を終えた。

言葉の難しさを味わう

最後に問題にしたい場面、もちつきの真似事のところである。

ここでは、具体的に言葉で深めることはできなかった。しかし、子どもたちは二人のもちつきの様子を
「にこにこしているようだ」

「楽しい感じで言っている」

「本当にやっているように」

「おもしろく」

「笑って」

「いい気持ちで」

のように捉えてくれた。これで十分だと思った。

この場面まで子どもたちと考えられればいいという気持ちが最初からあったの

で、この後のじぞうさまがもちなど持ってくる場面は簡単に扱い、読んでいくことで十分だろうと思った。役割読みをして、最後まで読んで授業を終えた。

授業を終え振り返ってみると、正直言って「大変だったなあ」というのが実感である。子どもたちの中に物語の世界を作り出せずに多くの問題を残してきたことが思い浮かぶ。問題になっても解決できず、沈んでいく子どもたちと、それを切り崩せないこちら側の問題、言葉からイメージを広げてやるこの大変さを味わった授業だった。

五　思いっきり楽しむ子どもを育てる

——稲井幼稚園の子どもたち

はじめに

幼児期は、人間として生きていくための基礎となる自分と他人との関係をつくり出す時期である。また、自分の行動の選択と責任を学び、自分の世界を持つことで自信を付けていく時期でもある。

しかし、現代社会は早期から子どもの世界に大人社会の情報や能力主義的教育が持ち込まれ、「幼児期の空洞化」が起きている。子どもは、幼稚園での友だちや先生と関わり、遊びの中でさまざまな体験をし、それを言葉によって自分の中に刻みながら、毎日を精いっぱい生きて表現している。

幼児期を伸び伸びと精いっぱい生きる中で、将来にわたって働き続ける確かな自分を築いていける。今、教育界では、「探求的で対話的な深い学び」が課題とされている。それは小学校に入学してから始まるのではなく幼児期のさまざまな遊びや体験、集団生活を通じてその素地を育むことが大切だと考える。

稲井幼稚園は少人数の幼稚園である。少子化や幼児教育無償化、最近のコロナ禍の影響で入園児が減り続け、ついに二年後の閉園、民設民営こども園化が決定した。このピンチをチャンスと捉え、コロナ禍でも少人数という利点を最大限に生かした子どもたち主体の保育を充実させようと取り組んできた。

目指すのは、少ない人数の子どもたちが自分の考えをもち、意見を述べ、「あでもない、こうでもない」とみんなで話し合い、よりよいものを創りだす教育。みんなで楽しもうとする子どもを育てる、稲井幼稚園での実践を紹介したい。

保育実践

「ご飯を作ってみたい」

稲井幼稚園は毎日お弁当だ。子どもが「このご飯、どこでできたの?」とつぶやいた。幼稚園の周りは一面田んぼなのに、ショックだった。それなら子どもたちと米作りをしようと考えた。入園してきた年少児の家庭が農家だったことが幸いし、協力をお願いして始まった。

①もみ蒔き、田植え、稲刈り

さっそく、四月のもみ蒔きから始まった。農家のお母さんを先生にして、育苗箱に二人一組で種もみを蒔く。二人で慎重に蒔く姿がかわいい。きれいに揃えて蒔く子、多い少ないがバラバラの子と個性が見られる。蒔いた種もみの上に土をかぶせて完成。育苗箱は、田んぼ名人のお母さんに管理をお願いした。子どもたちは地元の農協の協力を得てバケツ稲にも挑戦。種もみをバケツに蒔いて観察することにした。

五月、いよいよ初めての田植え。子どもたちの蒔いた苗は一〇センチを超えるほどに育っていた。一歩、田んぼに足を入れた時の子どもたちの何とも言えない表情。「足が抜けない」と困惑する子どもたち。田んぼ名人から植え方を教わり苗の束から一、二本を分け取って、田んぼに植えていく。年長児の様子を見て年少児も真似て植え始める。だんだん慣れてきて「苗ください」と大きな声で催促する子もいる。年長児はすっかり慣れて植え跡がきれいな線になっている子もいた。みんなで植え終わり、隣のまだ植えていない田んぼで泥遊びを楽しんだ。

田植え後、子どもたちはバケツ稲の伸び具合を見ながら「僕たちの田んぼ、どうなっているかなあ」と気にし、散歩を兼ねて「稲井っ子田んぼ」を見に行った。道々、季節に応じた植物やカエル、アメンボなどを探しながら向かう。稲井っ子田んぼの稲は訪れる度に大きくなっていた。子どもたちは「看板を立てよう」と自分の似顔絵を描き田んぼに立てることを行った。

そして秋、頭を垂れた稲井っ子田んぼの稲刈り。年長、年少児がペアになっての稲刈りだ。初めて使う鎌にもドキドキだった。先生たちに手を添えてもらい、ザクッという音とともに刈っていく。刈った稲は後ろにいるペアの子に渡し、畦で結わえ方をするお母さんまで運ぶ。これを何度も交代しながら繰り返した。子どもたちの手ではすべてを刈るのは無理だと思われたが、子どもたちの頑張りはすばらしく、きれいに刈り取ってしまった。子どもたちの顔は汗と満足感でいっぱいだった。刈った稲はリヤカーで園庭に運びジャングルジムに天日干しをした。

稲井っ子の田んぼの稲刈り

稲で覆われたジャングルジムを見て「三匹の子ぶたの藁のお家だ」と言って中に入って遊ぶ子の姿も見られた。

②脱穀・精米、しめ縄作り

ジャングルジムに干していた稲が乾いた。一本の稲穂に付いた米粒を数えて「一粒からこんなにできたよ、凄いなあ」と驚く子どもたち。でも、米を見て「ご飯と違う」と呟いた。剥いてみると中から米らしいものが出てきた。子どもたちはどうやって籾殻を取るのかと不思議に思い聞きに来る。すり鉢で野球ボールを転がして擦ること、瓶に入れて棒でつぶすことの二つの方法を教えた。子どもたちは登園してからの時間や自由遊びの時間に何日もかかって二つの脱穀作業に取り組んだ。できたのは、ほんの少しだった。この経験から脱穀・精米作業の大変さを実感したようだった。お米名人に脱穀・精米をお願いした。戻って来た米は約三〇キロ。稲わらと籾殻もいただいた。これは、子どもたちが育てたサツマイモを使っての焼きイモ会の熾火《おきび》になった。

また、稲わらは二学期末に子どもたちが作るしめ縄の材料にもなった。稲わらを叩いて柔らかくし、霧吹きをして湿らせ、藁を編んでいった。子どもたちは力いっぱい藁を押さえながら取り組んだ。飾りを付けて手作りのしめ縄飾りが完成した。

③おにぎりパーティー

収穫した米をどうするか、子どもたちの話し合いが始まった。「炊きたてご飯が食べたい」「おにぎりがいい」などいろいろ意見が出たが、米作りでお世話になった方々や毎日お弁当を作ってくれるお母さんに感謝する「おにぎりパーティー」を開くことになった。中に入れる具材はお母さんに聞いて子どもたちが話し合って決めた。「招待状もいるね」「ランチョンマットも作ろう」「飾りはどうしようか」など、楽しいアイデアが出て年長、年少組が分担して準備していった。

当日は、お世話になった方々にお礼の手作りメダルをプレゼントし感謝の気持ちを伝えた。いよいよおにぎり作り。子どもたちは慣れない手つきでお椀に敷いたラップに炊きたてのご飯をのせ、お母さんの好きな具材を入れておにぎりを握った。「熱い、熱い」と言いながら「感謝のおにぎり美味しくなあれ」ととなえ握っていた。「おいしいね」「うん、おいしいね」とみんなにこにこ顔で食べていた。

コロナ禍でお客さんを呼べなくなってからは小さい米袋に米二合を入れ「稲井っこ米」のラベルを付けてプレゼントしたり、米作りの一年間の仕事を振り返る巨大双六を子どもたちで考え、遊戯室いっぱいに広げて遊んで楽しんだりした。

この活動を通して子どもたちが毎日食べるご飯がどうやってできるのか、そのすばらしさを貴重な経験を通して直接学ぶことができる機会となり、食に対する学びと人や自然との関わりが深まった。

ミッションマスターに挑戦

①初めてのミッションゲーム

子どもたちは宝探しが大好きだ。「もっと宝探しがしたい」という声を聞き、宝探しを発展させたミッションゲームを考えた。

ある日、ミッションマスターを名乗る謎の人物から幼稚園に手紙が届いた。そこには、「みんなでミッションに挑戦し宝箱を探せ」と書いてあった。子どもたちは半信半疑で、最初のミッションである「遊戯室に隠されたヒントカードを探せ」を開始した。宝探しは得意とするところで、なんとか一人一枚のカードを探し出した。そのカードには黒いシルエットが描かれている。ブロックだったり、マジックだったり、一人ひとり違っていた。その現物をグループで協力して保育室から探し出すのが第二のミッションだった。

子どもたちは、描かれたブロックと同じ形がないとこだわったり、スティック糊《のり》をロケットと勘違いしたりと苦戦しながらもグループで考えながら見つけていった。第三のミッションは見つけた八つの物の名前をしりとりのように並べていくこと。「ブロック」「くつした」とつなげていき、八つの名前が並んだ最後の文字は「ま」で終わった。「しりとり完成」と思った子どもたち。その次に色の違うカードがあり、「〇〇〇」と並んでいた。一人の子が、「八枚目が「ま」で終わったから、九枚目は「ま」から始まる三文字だ」とひらめいた。「何だろう」と子どもたちは頭をひねり考える。「ま〇〇」「ま〇〇」「まど、じゃないし」「まく、でもないし」と部屋を探し回って、「まいく?」「あっ、マイクだ」と謎を解き、マイクを探し出した。すると、マイクの下には宝箱の鍵が置いてあった。みんなでその鍵を使い宝箱を開けると中から次の日の親子遠足での新しいミッションが入っていた。ミッションゲームをクリアして喜んだ子どもたちは、親子遠足でのミッションゲームへの期待を膨らませた。

②公開保育研究会でのミッションゲーム

石巻地区の公立幼稚園・こども園の先生方を集めての公開保育研究会が稲井幼稚園で開催された。

多くのお客さんが集まるこの機会を子どもたちのコミュニケーションの場にしようと考え、ミッションゲームを行うことにした。子どもたちは少し緊張ぎみだった。

今回のミッションゲームでは、新しい挑戦が待っていた。子どもたちが遊んでいると突然、ミッションマスターの声が放送された。子どもたちはビックリ。ミッションマスターは、「見に来た先生方と話をし、宝箱の鍵のありかを教えるパズルのピースをもらえ」と語っていた。子どもたちは、「こんにちは。パズル持っていませんか？」「ありがとうございます」という会話の基本を確認し、グループ毎にスタートした。青、緑、ピンク、黄色の四チームで同じ色のネームを付けている先生を探して話しかける。初めて会う人に話ができるかと心配したが意外にも積極的だった。ミッションでパズルを見つけるという楽しさのためだろうか。「これですか」と袋の中から出してもらい喜ぶチームもあれば、袋には何も入っていなくてガッカリするチームも。中には、ジャンケンに勝たないとパズルは渡せないと何度もジャンケンをする子もいた。初めての先生方とコミュニケーションを楽しみ、二十個のパズルを集めてきた。

そのパズルを枠の中に並べていくのが次のミッションだ。四角のピースは黄色だったり文字だったり矢印だったりでなかなか上手くいかない。「あーでもない、こーでもない」とみんなで考え、やっと解けた。黄色いタイヤに矢印が描かれている絵が浮かび上がった。「黄色いタイヤの中に宝箱の鍵があるんだ」と子どもたちは走り出した。大きな黄色いタイヤの中に鍵を発見して喜ぶ子どもたち。その鍵で宝箱を開けると中から、七夕パーティーへの招待状が入っていた。

大勢の先生方が見つめる中での公開保育のミッションゲームで、子どもたちは十分に楽しみ満足したようだった。みんなで解決するミッションゲームはレベルアップして続いていった。

「リレーがやりたいなあ」「僕がカバーする」

①綱引きの秘密作戦
運動会の種目は子どもたちの話し合いで決める。同じ敷地内にある中学校の運

動会練習を見学した子どもたちは、一本だけの綱ではない何本もの綱を奪い合う綱引きに興味をもち種目に加えた。また、うまく走れない子が多くリレーができなかった年少の時のことを踏まえ、「なんとかしてリレーがしたい」と訴えた。

今年の運動会の合い言葉は、「みんなでちゃれんじ　いないっこ」である。チャレンジしてみようと取り組んだ。綱引きでは、長さと太さの違う何本もの綱をどうやって引っ張るかをチームで話し合い作戦を立てて勝負した。ここでは走るのが苦手な子や綱を引っ張れない子も活躍でき、みんなで楽しもうと知恵を出し合う。「短い綱は足の速い〇〇ちゃんね」「太い綱は最後にみんなで引っ張ろう」など、秘密の作戦を立てて行う。勝てば「次もこの作戦で行こう」、負ければ「二人組でやってみようか」「〇〇ちゃんは赤と黄色の綱を引っ張って」など新たな作戦を立ててチャレンジする。一回毎にドラマが生まれた。子どもたちは勝っても負けても「面白かった」と喜び合っていた。

②リレーの新ルール

リレーはさらに難しい。走力の違い、うまく走れない子を何番目に走らせるのかなど、子どもたちは頭を悩ませた。何度やっても負けてしまう。その時、「僕が長く走ってカバーする」と言い出した。「ああ、いいねそれ」と子どもたちからも賛成の声。同じ長さを走らなくてもいい、どこでバトンを受け取ってもいいという新ルールができあがった。半周走る子、それをカバーして一周半走る子、バトンゾーンの手前で早くバトンタッチする子など、チームのメンバーによってその都度走る順番や走る距離を話し合って決めリレーを行った。毎回、メンバーが変わる。だから、毎回みんなで作戦を立てる。勝ったり負けたりを繰り返しながら、「次は勝つぞ」と話し合いチャレンジした。作戦によって子どもたちは一喜一憂しながらリレーを楽しんだ。年少児の時はできなかったリレーが子どもたちの知恵と力を合わせることで実現した。チャレンジが実を結んだ運動会となった。

日常的な幼小中の交流

稲井幼稚園は公立としては珍しく同じ敷地内に幼小中がある。その利点を生かしさまざまな交流を行っている。

小学校の六年生が幼稚園に来て手作りおもちゃやゲームで遊んでくれる。一年生は入学前に学校や授業の様子を紹介したり、一緒に遊んでくれたりする。その中で子どもたちは初めて出会うお兄さんお姉さんと話をしコミュニケーションをとる。

中学生は三年生がやって来て交流する。さすがに大きな生徒に緊張するがすぐに打ち解けて交流を深める。運動会や学芸会を見てもらい、刺激や憧れを抱く機会になっている。毎日弁当の幼稚園なので、給食に慣れるために小学校で何度か給食試食会も行った。

また、避難訓練の避難先が中学校の三階だったり、不審者避難訓練では中学校の先生が不審者役や校長先生が助けに来たりと連携を行う。小中のマラソン大会には園児がポンポンを持って応援したりもする。行事のポスターをお願いしに小中を訪れ校長先生方と気軽に話す場面が見られる。このように子どもたちは普段から小中学校と連携・交流し、見守られながらスムーズに小中学校へ入学することができている。

成果と課題

地域の自然や人、立地の利点を生かし少人数をマイナスからプラスに変え、きめ細かな保育と子ども同士、他の人との関わりを通して子どもたちは成長してきた。

①自分の考えをもち、それを出し合って話し合えるようになった。
②話し合いを深め、よりよいものを目指すことができるようになった。
③友だちの個性や良さを理解し、みんなが楽しめるように工夫することができた。
④「どうしてもやってみたい」遊びを自分たちで創り上げ、みんなで楽しむこ

とができた。

課題としては、

①子どもたちの遊びたいという欲求と人数や環境構成の面で難しい場面がある。

②入園児が減少していく中で、どこまで創造的な遊びを保証してやれるのか悩む。

おわりに

一日の遊びが終わり「さようなら」のあいさつをして帰って行く子どもたち。「今日の遊びは満足したかなあ」と後ろ姿を見送る。帰りながら何度も振り返って、「○○君、また明日」「○○先生、さようなら」と一人ずつ友だちや先生の名前を呼びながらあいさつをする子もいる。「今日一日、楽しかったんだろうなあ」と思う。子どもたち一人ひとりが毎日の遊びを思いっきり楽しみ、みんなで豊かな時間を過ごせるような幼稚園でありたい。

第三章　田中正造を追って

一　田中正造との出会い――日向康先生との時間

「先生になったらどう？」

「先生になったらどう？」と新聞を差し出しながら母が言った。高校三年の夏のことである。とっくに進路を決めなければならない時期、私は建築関係の大学への進学を考えていた。そんな時の母の言葉だった。「へえ、こんな先生もいるんだ。面白そうだなあ」と新聞記事に書いてある斎藤喜博《きはく》という先生について話し始めた。新聞には、斎藤先生の『君の可能性』が紹介されていた。「うちはお金がないから私立は無理だよ。お前は昔から子どもが好きなんだからこの先生の学校に入って教師になったら」と軽く言う。思いもかけないことだったが、「まあ、一応その本を読んでみようか」と軽い気持ちで応えた。

『君の可能性』は一気に私の進路を変えてしまった。学校ってこんなに面白いんだ、教師って面白そうだなと斎藤先生に会いたい気持ちだけで宮城教育大学（以下、宮教大）を受験した。

斎藤先生は宮教大にいなかった

宮教大に入って講義を受ける計画を立てようとした時、斎藤先生は宮教大からいなくなっていたことを知った。何のために宮教大に入ったのか。どうすればいいのだろう。入学した意味がなくなったという思いを抱きながら基本的な講義を受けていった。

その中で横須賀薫先生の講義があり、林竹二《たけじ》先生のことを知った。宮教大はその頃、大学改革による合同研究室やユニークな入試制度でマスコミに取り上げられていた。林先生は、それを推し進めた宮教大の前学長だった。そして、授業「人間について」で全国の学校で教育行脚をしていることでも知られていた。『授業　人間について』の本は、私にとってまたまた衝撃的な内容だった。オオカミに育てられたアマラとカマラを通しての授業で子どもたちはすばらしい集中を見せる。こんなことが授業で成り立つのかと何度も自問自答しながら読んだ。

この本によって私の中では、林竹二先生という存在が大きくなっていった。

東北大学教育学部の教員養成課程分離問題、その結果としての宮教大の設立。大学紛争の中でバリケードの中に入って学生と対話し封鎖を解除した林学長、さまざまな大学改革を進めた様子など、宮教大と林先生についてのことを次々と調べていった。大学祭についての一言が目にとまった。イベントやブースなど楽しい企画が盛り込まれる大学祭について林先生は「大学祭が真の祭りとなる時、大学祭は成功したと言える」という主旨のことを書いていた。「真の祭り」とはどんな姿なのだろうとその頃真剣に考えた。また、学生の自治問題についてこんなことも語っていた。「学生は自治を守るために戦うとよく口にするが、本当に戦うとはどういうことなのかをきちんと捉えて戦いという言葉を使っているのだろうか」と。哲学者である林先生の考え方にますます興味が湧いてきた。

田中正造との出会い

『林竹二・授業の中の子どもたち』『授業の成立』などの林先生の本を読み進め、教育とは関係のない本も出していることに気づいた。『田中正造の生涯』である。後に「毎日出版文化賞」を受賞することの本は、新書版で手に取りやすく気軽な気持ちで読み始めた。しかし、新書版におさまりきらないような重い内容だった。公害問題が取り上げられるようになった当時、明治時代に最初の公害問題と戦った人物として田中正造が話題にのぼった。しかし、『田中正造の生涯』は、それとは違っていた。哲学者、教育者としての林先生の目を通した人間、田中正造の新しい捉え方が示されていた。

「私はかつて、田中正造のような人においては、一つの事を学ぶということは、その事において自分が新たに造られることだと書いたことがある。学ぶということは、田中正造の師友新井奥邃の理解にしたがえば、自己を新たにすること、すなわち、旧情旧我を誠実に自己の内に滅ぼしつくす事業であった」と書かれていた。

よく分からないながらも田中正造という人物をもっと知りたいという思いが強くなっていった。林先生が考える田中正造という人物はどんな人なのだろう。疑問と興味が大きくなった。当時、田中正造が取り上げられることが多く、田中正造に関する書籍も多かった。林先生の田中正造像はそれらの書物とは異質だった。林先生は授業についても次々と本を出された。『教育の再生をもとめて』『教えるということ』『学ぶということ』そして、『対話　子どもの事実――教育の意味』。教育と田中正造、自分の中でこの二つが入り交じっていくのを覚えた。

卒論をどうするか

学年が進み横須賀先生の研究室で指導を受けるようになった。斎藤喜博先生の特別授業に参加する機会があったり、斎藤先生が立ち上げた教授学に関する授業も受講した。斎藤先生の詩の授業や体育の指導、合唱指導について学んでいく中で宮教大に入ることを決めた望みが満たされていくのを感じた。子どもたちと授業をすることの楽しみが湧いてきた。林先生と斎藤先生を通して教育に関する二つの大きな考え方が膨らんでいった。林先生と斎藤先生の授業についての考え方は基本的に同じ方向を向いていると感じた。しかし、田中正造の捉え方や教育行脚を続ける中で変化していく林先生の教育に対する考え方が斎藤先生と違ってきた。私の中で教師になるために学んできた林先生と斎藤先生が別れていくことは辛いものだった。

そんなことを思い悩みながら四年生になろうとしていた。宮教大の小学校教員養成課程は卒業に向け教科等を専門に学ぶ国語ピーク、社会ピークなどに分かれそこで卒業演習や論文を書いて卒業する。私は横須賀先生の研究室に出入りしていたので普通であれば教育に関するゼミや演習についてまとめるか、教育に関する論文を書くことになる。私の中では斎藤先生の教授学と林先生の田中正造がどちらとも大きくなり、ピークを決めなければならない時期になっても決めかねていた。

どうしようもなくなって横須賀先生に相談した。「そんなに悩むなら宮教大にはどの教科にも所属しないで自分の課題に取り組むことができるプロジェクトピークがあるからそれでやってみたら。卒業のハンコは私が押すから」とおっしゃった。そして、「田中正造に興味があるなら仙台に田中正造を研究している日向康《ひなたやすし》さんという人がいるので行ってみたら」と紹介された。救われた気がした。二者選択での悩みに少し光が見えた気がした。日向さんという人に会って話を聞いて考えようと思った。横須賀先生は「日向さんに会う前に著書である『それぞれの機会』くらいは読んで行けよ」と一冊の小さな本を手渡された。

日向康先生との出会い

『それぞれの機会』の中には、竹林先生という人物が関わった不思議で魅力的な仙台の旅館の主だったり和菓子屋の方だったりが出てきた。その人たちの生き方が何とも魅力的でありそれを捉える竹林先生もまた魅力的だった。実はこの竹林先生が日向康先生が生涯の師と仰ぐ林竹二先生だったのである。

横須賀先生から教えていただいたお店に出かけて日向先生にお会いすることになった。「グリスタン」という喫茶店だった。仙台駅西口側、仙台朝市の近くにあるビルの地下にその店はあった。少し薄暗い店の中で日向先生は待っておられた。ガッチリした体格の人という印象だった。店のカウンターには何冊かの本が積まれ、書きかけの原稿用紙とペンが無造作に置かれていた。日向先生は見ず知らずの学生の卒論の悩みと田中正造の話をうなずきながら静かに聞いてくださった。また、『それぞれの機会』に出てくる魅力的な人物の話もした。それに視点を当てた竹林先生はあの林竹二先生がモデルであることを知った。私の話を聞き終わった後、日向先生は「それなら、しばらくここに通ってみたら」と話された。話を通していただいた横須賀先生の手前、すぐに断ることもできなかったのか、すぐに諦めるだろうと考えられたのかは分からない。

とりあえず私は日向先生のところに通うことになった。

日向先生は何も教えなかった

次の日、期待感いっぱいでグリスタンへの階段を下りた。店は開いていたが先生の姿はなかった。店で働いている人が「もうすぐ降りて来るから」と言った。日向先生はこのビルの五階に住んで店をやりながら作家の仕事をしていた。カウンターに積まれた本の名前を見ながら待っていると日向先生が現れた。コーヒーを飲みながら新聞に目を通す。私はどうしたらいいのだろうと不安になった。先生は岩波書店から出版された『田中正造全集』の編纂を手がけていた。先生は、「全集の中に出てくる人物を拾い上げ、何巻の何頁に出てくるかをカードに作ってみたら」と話された。全集にはたくさんの人物の名前が出てくる。田中正造は膨大な日記や書簡を残している。その中にもさまざまな人物が出てくる。その名前を拾ってファイルしていく。その日から作業は始まった。朝に宮教大のある青葉山の男子寮からバスで仙台駅まで降り、グリスタンに向かい、人名ファイルの作業を行う。日向先生は店の中で執筆を行っている。私が先生に話しかける用事はなかった。全集を一頁一頁読みながら人物を書き出しページを記録していく。歴史の勉強で聞いた人物の名前も出てきた。「えっ、田中正造ってこの人とも関わりがあったんだ」と気づいたり、「この人物は何度も出てくるなあ」と名前を覚えるようになったりした。午後の講義がなければ夕方までこの作業をして一日過ごした。昼は、店で働く人がチャーハンやトーストを焼いて食べさせてくれることもあった。日向先生も手を休めて一緒に食べることもあった。その時がわずかに話ができる時間だった。しかし、何を話してよいのかと緊張感でなかなか思うように話せなかった。先生はたばこをくゆらせながらたまに質問する私の話にこたえてくださった。「どんな本を読んだらいいでしょうか」と聞いた時、「カミュの『ペスト』は読んだ方がいい」「明治期の文学を読んで、よい文章に触れることも大切だな」と教えていただいた。今でこそコロナ感染が大変だが、それがない当時『ペスト』を最初に紹介されたのに驚いた。

また、こんな話をすることもあった。「橋本くん、泥棒って何でこの漢字を使うんだろう」と聞かれたことがある。「田中正造日記抄」をまとめていた先生は、田中正造がうまいことを言っていると教えてくれた。「泥の田んぼを棒で叩いても、すぐにその跡は消えてなくなるので泥棒が現場からさっと姿を消すのと同じだ。だから泥棒というと田中正造が書いていて面白いなあ」と話された。田中正造全集を編纂している先生ならではの話だった。

これでは卒論は書けない

人物の名前調べは毎日続いた。日向先生は積まれた多くの書籍に目を通し、付箋を貼りメモをし赤ペンで修正しながら原稿を書いていた。その原稿を見ると、線で消して修正したり新たに書き加えたりされていて学生の私にはどうなっているのかすぐには分からないものだった。そんな毎日を送っていたが、教員採用試験の申し込み締め切りが迫ってきた。教採を受けて合格し卒業して教師になることが宮教大に入った目的である。それが目的ならすんなり教採を受けるだけである。しかし、自分の中でそこに素直に向かえない引っかかりがあった。周りは申し込みを済ませ教採問題集を買って勉強している。焦る気持ちが一方にあった。日向先生のところに通ううちに、「このまま何冊かの本を読んで論文にまとめて終わりでよいのだろうか」「言葉一つにもあんなに調べて書いている先生の姿を見たら、生半可には文章は書けないな」と思った。経済的に苦しく卒業しなければならなかったが、もう一年大学に残って時間を使い先生の下で学ぶ道を選んだ。幸い五年目も奨学金はもらえることになって助かった。親も「自分でやれ」と諦めてくれた。

『果てなき旅』を読む

日向先生はその頃、『果てなき旅』（上・下巻）を出版された。福音館書店から出された少年少女から大人まで読める田中正造の一生をたどったノンフィクションの児童書である。これが少年少女向けかと思うほど、細かな史実に基づいて詳しく丁寧に書かれている。上巻のあとがきを読んで先生の文章を書く姿勢を知ることができた。

この本は当初、期間一年、原稿用紙三五〇枚前後の予定だった。書き始めて一年後、ようやく先生の「田中正造伝」の体裁が整いかけたころ、偶然目を通すことになった本によって先生は田中正造に関する史実を再調査しなければならないことに追い込まれてしまった。そして、その本の基になった資料を収める作者の蔵書を訪ね、新たな資料に巡り会い、これまで書いてきた内容を書き換えることになった。そのことを受けて先生は、次のように記している。

「この一事は、私に特別な教訓をもたらした。それは、だれもが当然としている史実も、一度は原資料となるべきものに当たってみなければならないという、きわめて初歩的な教訓であった」と。

一年で収めるはずだった『果てなき旅』の仕事は、八年三か月、上・下巻合わせて一一〇〇頁にも及ぶ大作にまでなったのである。名前一つ、地名一つに至るまで調査し、原典に当たって初めて書くことができるということを思い知らされた。そして、私に名前を書き出す作業を話された先生の意図が少し分かったような気がした。

いろいろな分野の人が集う

グリスタンには、いろいろな分野の人たちが日向先生に会いに来た。出版関係はもとより新聞社、テレビ局のアナウンサー、大学教授、弁護士、政治家、各種団体関係者、留学生、学生など。先生は仕事の手を止めコーヒーを飲みながら話をする。課題を抱えての相談だったり、たわいもない日常の話だったりとさまざまだったが、先生の受け答えには決まって根拠をはっきりさせた内容が多かった。各種の新聞や雑誌の内容から専門誌、専門家の話などをもとにしたものだった。また、思想的に右寄り、左寄りという思考ではなく多面的な見方からの話だった。大人の人が世の中の問題や政治、歴史、思想などについて真面目に話し合う姿は小さな町で育った田舎者の私には希有なことに感じられたし魅力的に映った。

あるテレビ局のチーフアナウンサーが、林先生を取り上げて教育を考える番組を作りたいと相談に来たことがあった。テレビ局側はある程度の方向性を考えて作ろうとしていたが、先生は「こんな切り口もある」「それでは誤解を受ける」など親身になって相談に乗っていた。部屋の隅で作業をしながら耳に入ってくる話を聞き、先生の考え方やものの見方について学ぶことができた。また、仕事が忙しい中でも訪問した人に丁寧に対応する先生の姿にも学ばせられた。それは『それぞれの機会』の中に出てくる人々の結びつきを思い起こさせるものだった。深いつながりを作るためのもとがそこにあるように思えた。

お遣いを頼まれる

人名の作業をしていると先生からお遣いを頼まれる。「この本のコピーを取ってきて」「原稿用紙を買ってきて」「ペンを買ってきて」など。原稿用紙もペンも先生にはこだわりがあった。原稿用紙は仙台一番町にあった書店「丸善」で売っているもので、上に綴じ代のある一〇〇枚綴りのもの、ペンはグリスタンの近所にある文房具店のもので、太いペン、細いペンを黒、赤使っていた。付箋も白地に先が赤くなった一センチ幅くらいのものだった。私は一枚一枚の白い原稿用紙しか知らなかったが、クリーム色がかった綴じ代のある原稿用紙を見るのが初めてだったので、とても新鮮だったのを覚えている。

本は仙台駅西口で国道四号線と南町通りが交差する所にあった「協同書店」だった。代金はどうするのかと思いながら本を受け取っていた。それはこの書店を営む二人の「好意によって経済的な条件を顧慮することなく次々に資料を入手することができた」という事情だったと後で知った。

中でも一番緊張したお遣いは仙台市北山のマンションに住む林先生に文書を届けることだった。住所を頼りにマンションを探し部屋を見つけた。呼び鈴を押す手が震えた。林先生が出てきたら何と話をしようとドキドキした。ドアが開いて出てきたのは林先生の奥様だった。林先生は外出中だった。残念やらある面ホッとするやらの気持ちだった。

卒論の方向

人名を調べながら『果てなき旅』を読んでいたある日、先生が「橋本くん、直接田中正造を調べる前に田中正造と大きく関わった足尾銅山について調べてみてはどうですか」と話があった。「足尾銅山ですか?」と一瞬、私は思った。『田中正造の生涯』を読んで作られた田中正造像をもっと掘り下げてみたいと願い、『果てなき旅』を読んでさらに田中正造という人物に引き込まれていた時だったので正直少しガッカリしたというのが本当の気持ちだった。しかし、先生の仕事の様子や『果てなき旅』の文章の裏にある克明な調査や資料収集の苦労を知ってしまった今、足尾銅山のこと一つでも難しいだろうという思いの方が大きくなっていた。

足尾銅山の歴史を知るにはどうするか。先生の所には足尾銅山を創業した人物の本『古河市兵衛翁伝』があった。それをお借りして読み始めた。幅十数センチもある古い本であった。もちろん銅山側からの視点で書かれている。読みながら他の資料にも当たる必要性を強く感じた。宮教大には銅山関係の本はほとんどない。仙台市内の本屋を回った。なかなか見つからない。東京神田の古本屋なら何か見つかるかもしれない。東京で学生をしている友人のところに泊めてもらい神田の古本屋街をくまなく探し歩いた。田舎からのおのぼりさんである。ずらっと立ち並ぶ古本屋街にワクワクしながら見て歩いた。その中で一冊の本が目に飛び込んできた。『古河虎之助君伝』、あの『古河市兵衛翁伝』と同じ装丁、同じ位の厚さの本である。思わず「えっ」と声をあげるとともに「見つけた！」という喜びが湧いてきた。あるところにはあるものだなあと思った。値段を見ると二万円以上。その頃の私の奨学金に近かった。無理だなあと思った。他の本屋もくまなく探したがこの一冊だけだった。諦めるしかないなあと友人のところに帰ってその話をすると「貸してやる」という。いつ返せるか分からない。悩んだが借りることにし次の日、やっとその本を手にすることができた。本の重さ以上の重みを感じた。

仙台に戻って先生に本を見てもらう。「この本があることは知っていたが見つけられなかった。よく探したなあ」と言われた。先生は「使わせてもらうこともあるかもしれないよ」とも話された。少しでも先生の役に立てそうだということが嬉しかった。

宮教大での講義

横須賀先生のご配慮で日向先生が宮教大で講義をすることになった。先生の話を直に聞ける機会である。明治時代のこと、足尾銅山、鉱毒事件、そして田中正造、先生が調べてこられたことを丁寧に話された。おもしろおかしく話をされるわけではない。大学教授ではない不慣れさとぎこちなさの中に確実に学生に伝えようという誠実さが伝わってくる講義だった。私はいつも一番前の席で話を聞いた。『果てなき旅』のある部分が浮かんできたり、初めて耳にする内容に引き込まれたりしながら毎回楽しみに講義を受けた。

講義の始まる前と終わってからは決まって横須賀先生の研究室や懇意にしてい

る先生の研究室に寄って話をされた。その席に同席し先生方の話を聞いたり学生の質問への答えを聞いたりするのが楽しい時間だった。ここでも話題は多岐に広がり、大げさに言えばアカデミズムの中にいることの心地よさを味わう機会だったといえる。

先生が大佛次郎賞を受賞

『果てなき旅』が朝日新聞社主催の第六回大佛次郎賞（一九七九年）を受賞した。大佛次郎賞は、一九七三年に創設された賞で、形式を問わず優れた散文作品に贈られるものだった。先生の長年の苦労が認められた。この賞をきっかけに先生がマスコミに取り上げられたり取材などで訪れる人が多くなった。

受賞をお祝いする会が横須賀先生などを中心に企画された。「橋本くんも来なさい」と思わぬお声がけをいただいた。そこで初めて林先生にお目にかかることができた。小柄な物静かな感じだった。林先生は、受賞を祝う言葉の中で、作家になりたいと言った日向先生に、「小説の勉強をしたければ、長谷川伸を読んでごらん」と、しっかり調べての文章なら書けるのではないかと語ったことが、今回の『果てなき旅』でコツコツ調べて書いたことが認められて本当に良かったという話をされた。林先生にずっと師事してこられた日向先生にとって何よりの言葉だったと思った。お祝いに集まった人たちは、さまざまな分野の方々でそれぞれの関わりからお祝いを述べていた。少しはにかみながら話を聞く先生も嬉しそうだった。幸せな場に一緒にいられた貴重な時間だった。

NHKラジオドラマ日曜名作座「果てなき旅」

この賞をきっかけにNHKラジオドラマ日曜名作座で『果てなき旅』が放送されることになった。森繁久彌と加藤道子の二人による日曜夜お馴染みの番組である。「よくNHKが田中正造を取り上げげたなあ」というのが正直な感想だったが、ラジオのチューナーを合わせるとお馴染みのテーマ曲が流れ、森繁久彌の声で「予は下野国の百姓なり。天保十二年十一月三日をもって、安蘇郡小中村に生まる。幼名は兼三郎と呼び、父は富蔵、母はサキという」と『果てなき旅』の冒頭に書かれた文が流れてきた。森繁久彌の声を通じた田中正造の物語が全国に流れ始めた。私は身震いした。『果てなき旅』がどう脚本されて放送されるのか楽しみだった。しかし、先生はそんなに興味を示さなかった。書いたものとドラマは違うという考えだったのだろう。それでも私は毎週日曜日の夜になるとラジオにしがみつき森繁久彌と加藤道子の声に聞き入った。森繁久彌の声を通して田中正造や物語のイメージがはっきりしてくるのを感じた。この番組は一〇回だったかはっきりしないが長く続いた。私は番組をカセットテープにすべて録音し先生に差し上げた。

田中正造の芝居

当時、宮教大に表現の授業があり演出家の竹内敏晴先生が来ていた。さまざまな芝居を手がけ、話ができない自分が言葉を獲得していく過程を描いた『ことばが劈《ひら》かれるとき』で名を知られていた。林先生の考え方に共鳴もし、林先生の授業の意味や子どもたちの反応についての言及もしていた。授業は実にユニークで「声を相手に届ける」とか「砂浜の出会い」という区切られたスペースの中に置かれた二人の人間の出会いの表現など、これまでに経験したことのない衝撃的な内容だった。自分を表現するということに向き合ったことのない私にとっては目をみはる世界だった。その竹内先生が、林先生が授業で入られている神戸の湊川高校で田中正造の芝居をするという。田中正造の芝居ということにすぐに反応してしまった。横須賀先生の研究室の友人二人と稽古に参加させてもらうことになった。日向先生に話をすると「芝居の上でのことだからなあ」とあまり賛同してもらえなかった。それでも行ってみようと出かけた。

稽古場は東京新宿駅にほど近い場所。ライヒ館モレノという地下にあるアングラ劇場のスペースである。そこに三週間寝泊まりしての稽古だった。台本が完全にはできていない状態で始まった。東京で竹内先生のレッスンを受けている若者やテレビで顔を見たことのある役者さんもいた。稽古は夕方から始まり深夜や早朝まで続き、昼間は寝ているという毎日だった。田中正造役の人のセリフを聞きながら、「田中正造は、もしかしたらこんな風に話していたのかもしれない」と想像した。私は農民役だったが、芝居が進むにつれて当時の農民の心情をあれこれ考えながらその時代や田中正造の生き方に思いを馳せた。

上演の日が近づいた。バスで新宿から湊川に向かう。湊川高校は被差別地域の人や在日朝鮮人などさまざまな課題を抱えながらも高校に通っている人たちの学校である。そこで田中正造の芝居をすることが生徒さんに伝わるのか不安がいっぱいだった。芝居の前には、当時児童文学者として有名になっていた灰谷健次郎の『太陽の子』に出てくる自転車屋のモデルになった方が応援に来てくれた。当時の灰谷健次郎ブームが思い出される。前日には、林先生が湊川高校で田中正造の授業をされたという。それを受けての田中正造の芝居である。芝居が始まった。みんなの緊張感が伝わってくる。友人の出番が終わり、自分の番だ。ぎこちなくもセリフが出る、するとすんなり体が動いていった。あとは夢中だった。芝居が終わった。しばらくの間、場内は静まりかえったままだった。すると、生徒さんから大きな拍手がきた。芝居が受け入れられたように思えた。私にとって三週間の不思議な芝居体験が幕を下ろした。

仙台に帰って日向先生に報告をした。先生はやはり芝居にはあまり賛同していなかった。林先生の田中正造の捉え方と竹内先生が芝居にする田中正造に違和感があるようにも感じられた。湊川高校で林先生が田中正造の授業をされたことも話したが、それにもあまり興味を示されなかった。「早く授業行脚から手を引き、林先生が最後の研究としている新井奥邃の研究に時間を割いてほしい」という思いが強くあったようである。

卒論が終わる

卒論に向けていろいろな本を読んでいった。足尾銅山が払い下げた山や材木の値段と当時の生活用品の値段を比較したり、足尾銅山の古河市兵衛と渋沢栄一の関係を調べたり、当時の鉱山の鉱夫について調べたりと広がっていった。また、足尾銅山から流れ出る渡良瀬川をたどり、それを溜めた渡良瀬遊水池にも関心が及んだ。それを現地で見てみたいと日光から足尾銅山に入り、銅山跡、渡良瀬川に沿って南下し、渡良瀬遊水池、田中正造関連施設を巡って歩いた。このような調べ方をしながら少しずつ卒論は進んでいったが思うようにはまとめられずにいた。提出時期が迫っていた。先生はもちろん読んで指導してくれるわけではなかった。卒業論文という大それたものとはほど遠かったが足尾銅山がどのように発展していったのかはなんとか記録することができた。グリスタンに通い人名調べをしながら先生の仕事の様子を直接目にし、カウンターに積まれた本を見て何を読んだらよいのかと考え、先生との話の中でヒントをもらいながら手探りで進めてきた二年間だった。直接の指導では得られない試行錯誤を重ねる私を見守っていただいた日向先生の指導がありがたかった。また、このようになることを見越したかのような横須賀先生の日向先生の紹介にも感謝の気持ちでいっぱいになった。卒論は横須賀先生に無事に受け取ってもらい、宮教大を卒業できた。

田中正造を授業で

教師になれた。斎藤先生を知って教師を目指し宮教大に入って林先生を知り、横須賀先生から教授学を学び、日向先生のもとで田中正造を追った。他にも、さまざまな刺激と影響をたくさんの先生方から受けることができた。それらを教師として現場で試みてみたいという気持ちが大きかった。

初任地は宮城県の東部にある硯で有名な雄勝の小学校だった。そこで合唱をしたり絵を描かせたり、マット・跳び箱などの実践を行った。

初任三年目、幸いにも六年生を担任することができた。「今年は田中正造の授業ができるかもしれない」と思った。小学校最後の思い出になることをしようと『果てなき旅』を読んで版画を作ろうと考えた。初任三年目の無謀な取り組みに二八人の子どもたちはついてきてくれた。『果てなき旅』を読んだら作者のサインをもらってあげると子どもたちを刺激し、田中正造の授業をし版画を完成させた。グループごとにベニヤ板二枚ほどの大きな版画を並べた時の迫力と達成感は今でもはっきり覚えている。この版画は、サインをもらった日向先生に子どもたちからプレゼントされた。

田中正造は六年生の国語の教科書や道徳の副読本でも取り上げられていた。もちろん社会科の教科書でも足尾鉱毒事件との関係で扱われていた。そのために六年生を担任した時には版画を作らないまでも授業で詳しく取り上げることができた。隣のクラスの担任に代わって授業する機会もあり、先日、知人から当時の子どもから「田中正造の授業をしてもらったことが印象に残り、田中正造を学ぶために大学に入った」という話を聞いた。嬉しい限りだった。

日向先生の仕事場

そんな実践をもって月に一回第四日曜日に行われる横須賀先生のお宅での「第四日曜の会」に参加した。

会が終わると私は八木山動物園へ向かう登り口にある向山の日向先生の自宅に寄らせていただいていた。幹線道路から細い道を入るとアパートやマンションが並ぶ一画にそこだけ時代から取り残されたような昭和の時代を感じる平屋の一軒家がある。緑の生け垣に囲まれ梅の木や柿の木が生え、玄関まで敷石が置かれている。呼び鈴を押すと先生が戸を開けてくれる。先生の仕事部屋は四畳半くらいだろうか。窓に向かって座り机が置いてあり、それを背にして木のテーブルがある。壁には林先生の写真と日向先生の若い頃の写真、そして、田中正造の言葉だったかと思う額が飾られていた。

先生は書きかけの原稿を机に向かって書きながら「橋本くん、ちょっと待ってて、今一区切り付くから」というのがいつものことだった。私は奥様がいれてくれたコーヒーを飲みながら先生の座っている辺りやテーブルの周りに積まれたたくさんの本の書名を眺めていた。田中正造に関する本はもとより、先生が現在執筆されている本に関するもの、世の中の関心事などの本の名前を見ながら「前に来た時は、この本はなかったなあ」などと考えていた。

しばらくすると先生がペンを置いてこちらを向いた。先生は「学校はどうですか」と毎回気遣ってくださった。私は日向先生の執筆の邪魔にならないよう短い時間で失礼しようと、その都度聞きたいことを考えてお邪魔した。世の中のニュースのことだったり、教育のことだったりした。時には林先生のことについて質問することもあった。ある時は、日向先生の息子さんが林先生に会った時の感想を「林先生が子どもの頃の遊びを話したんだが、その話し方に思い出話という嫌らしさが感じられないんだな。まるで、たったいま、遊びから帰ってきましたというように、本当に楽しそうに話すんだ。いやあ、驚いた。珍しい人に会ったものだ」というエピソードを聞いたこともあった。林先生のイメージが変わったことを覚えている。先生との話は短い時間であったが月に一度の楽しい時間だった。

林先生が亡くなった

一九八五（昭和六〇）年四月一日に林先生が亡くなられた。しばらく私は日向先生のところを訪れることができなかった。世の中では林先生の死去を悼む記事や業績についての文章がたくさん出された。そんな中、日向先生は『思想の科学』特集号で「林竹二研究のために」の編集をされた。その編集序言の中で「せめて、後代のために先生の哲学的生涯の一端を残そうと、この特集を編んだ」と書いている。そして、先生自身もその思いを伝えようと『林竹二・天の仕事』を出版された。

林先生が亡くなられた翌年から日向先生は横須賀先生や他の方と、林先生を偲ぶ「連翹《れんぎょう》の会」を始められた。林先生が亡くなられた四月初旬に咲く連翹が毎回、会場に飾られた。連翹の会は東北大学病院の向かいにある「艮陵《ごんりょう》会館」で行われた。会のある日は、私が日向先生のお宅に寄り庭に咲いている連翹を持って先生を車に乗せ参加した。会は毎回、林先生と結びつきのある方が最初に一時間ほどの講演を行い、後半は日向先生が司会をして参加者一人ひとりから話をもらう形で進められた。日向先生は参加者と林先生との関係を詳しく知っていて話をつないでいった。講演には鶴見俊輔氏が参加された時もあり、林先生と思想の科学の話をされたように思う。一人ひとりの話は、その方にとって林先生が見えるような内容が続いた。静かな時間が流れ会は先生の「また、来年お会いしましょう」の言葉で終わる。日向先生が一度、新井奥邃の話をされた時、「『新井奥邃記念会』というのがあり、人々が自然に集まって新井奥邃について語る、ただそれだけの会があった」と触れたのを思い出す。先生の中でそんなイメージがこの連翹の会にもあったのかもしれない。

先生が小説を書いた

日向先生は林先生に「小説を書きたい」という話をしたと前述したが、林先生が亡くなられて一五年経った二〇〇〇年に遂に日向先生は小説を出版した。『オレンジ色の斜光』である。全六三七頁の大作だ。これまで先生は細かく調べて事実に基づいて書くことを続けてこられた。それは林先生に「小説は無理でも、コツコツ調べて書くことならできるだろう」と言われたことを忠実に守ってのことだったと思われた。今回、それを破っての初めての小説だった。お宅を訪問する度に先生はこの小説の執筆に追われていた。顎には白いひげが伸び田中正造を思わせるような雰囲気が漂っていた。そうして完成した『オレンジ色の斜光』である。この本は先生が一〇年間の構想期間を経て書いたもので、内容は田中角栄逮捕のとき、大都市の市長の息子が誘拐されていたというところから始まる。犯人の意図は何なのか？ 第二次大戦の申し子として誕生し、急成長したこの都市には、どんな歪みがあり、問題をかかえていたのか？ 日本の「戦後」を問う内容が重く盛り込まれている。手にとって読み始める。先生が細かく調べて書いてきたこれまでの手法を残しながら人物や情景描写がはっきりと分かり小説は進んでいく。展開がたくみで、小説として完成されていた。先生がどんな小説を書かれるのかと期待していたが、その面白さに「日向先生の小説だなあ」という感想を持った。

出版後、先生に頼まれて一緒に本を何人かに届けることになった。私の車に乗り仙台市泉区方面を回った。ナビがない時代、先生の住所を頼りに家を探す。何度も同じ道を通った。「そこを右に曲がる」「いや、左が近いかな」と探した。私は「本当にこの辺？」と不安になったが先生は平気そうだった。やっと見つけた家は先生が予想した場所にあった。先生は「分からないところを探して歩くのが私は好きなんだ」と言われた。先生の別な面が見られたような気がした。いや、たくさんの資料の中や複雑に絡み合った内容をひもといて書いていく先生の根本がそこにあったような気もした。

「連翹《れんぎょう》の会」の日に

何回目の「連翹の会」だったろうか。いつものように朝に車で日向先生のお宅に迎えに行った。庭に咲いている連翹を奥様が切られて準備してあった。それを持ち会場である「艮陵《ごんりょう》会館」に先生と向かった。会場について二階で準備をし、先生に確認してもらおうと思い先生を探したが見当たらない。変だなあと思いながら探したが二階のどこにもいなかった。一階も見てみようと探した。最後にトイレを探して「先生」と声をかけると「おー、橋本くん」と返事がして、先生が中で動けないでいた。これは大変だとトイレのドアの隙間からなんとか中に入り先生を外に救い出した。すぐに救急車を呼んだ。横須賀先生が「連翹の会は進めておくから」と言うので私は先生について日赤病院に向かった。先生はそのまま入院することになってしまった。

その後、何度か病院にお見舞いに行った。透析をしながらも先生は面会に応じてくださった。短い時間ではあったが先生は私の仕事について気遣い、元気に世の中の問題について話をされた。

入院は続き自宅に戻ることなく二〇〇六年九月七日、息子さんから連絡をもらい日向先生が亡くなられたことを知った。先生の葬儀は慎ましく行われ、翌年、横須賀先生が主催して連翹の会で日向先生を偲ぶ会が行われた。連翹の会はこれが最後となった。

先生が亡くなられてからも私は先生のお宅を訪問し先生に手を合わせた。いつも奥様に温かく迎えていただき、先生についての話をうかがった。奥様は先生が朱書きや訂正された原稿を丁寧に清書されていたこともこの時初めて知った。そして、文芸協会からの声がけで先生を作家の一人として神奈川県の富士霊園に作家さんたちと一緒に眠ることができるという話も聞いた。奥様手作りの庭の梅を使った梅ジャムの味が今でも懐かしく思い出される。富士霊園には、東日本大震災後何年か経って訪れた。美しく整備された霊園の一角、多くの有名な作家の墓碑が並んだ中に「日向　康」の名が刻まれた墓碑が立っていた。先生が若い頃に願った「小説を書きたい」という思いがさまざまな経緯の後に小説が書かれ、文学者と共に富士霊園に眠ることになったことが感慨深く、長い間手を合わせた。

日向先生と出会えたこと

日向先生を横須賀先生に紹介していただいてから約三〇年。私にとって日向先生の下で学んだ時間は幸せな時間だった。大学教授でない日向先生は、コツコツと資料や文献に当たり事実に基づいて文章を書き、本にまとめる仕事を続けてこられた。その姿に直に接し、話を聞き、たくさんのことを学ぶことができた。これは正に運命であり、私にとっての『それぞれの機会』であった。教師として現場に出て壁にぶち当たった時、東日本大震災ですべてを失う中でも前に進まなければならなかった時、先生の言葉や学んだことがどれほど力になったか分からない。

「こんな時、先生はどう考えるだろう。なんと言葉をかけるだろう」と自問自答したことが何度あっただろうか。たばこをくわえ、「橋本くん」と呼ぶ先生の声が聞こえてきそうである。日向先生と過ごした時間は私にとって宝物であった。

日向先生、ありがとうございました。

二　渡良瀬の流れ

足尾銅山鉱毒事件を追いかけているうちに、どうしても現地を一度この目で確かめたくなり、試験休みを利用して足尾を訪れることにした。

第一日目

出発は昭和五四（一九七九）年九月二九日の朝であった。旅行計画もたてずに汽車に乗り込み足尾へ向かったのだが、せっかく現地を見学しようとした目的を、果さぬ結果となった。

宇都宮から日光線に乗り換え、終点日光に到着。今度は、足尾行きのバスに乗り込んだ。走り出したバスの窓から、中学校の修学旅行のときに泊った旅館の看板が目に入ったが、七年前のうきうきした気持ちとは、ずいぶんかけ離れたものだった。それは、当時、この国立公園の近くに、五五年以上にわたって、被害をもたらした鉱毒事件の根源地足尾銅山があるなどとは、少しも知らなかったからである。そんなふうな私の目に、追い打ちをかけるように、「古河」の名を冠するいろいろな会社名を記した文字が突き刺さるように飛び込んできた。

やがて、バスは、細尾峠を越えた。昔は、とても険しい難所だったとのことである。ここを通って、足尾の銅が到るところに運ばれていったことは、たいへんなものだったのだろう。だが、バスは二七六五メートルの「日足トンネル」を揺れもせず、静かに通っていった。

バスは、足尾の町に入り、通洞駅の近くのバス停に着いた。足尾の町は道幅が狭く、渡良瀬川が町の東側を流れている。陽の落ちる前に、選鉱所へ行ってみた。「立ち入り禁止」のたて札のある入口を入ると、窓ガラスの壊れた黒っぽい古びた建物が右手に建ち、円形の水槽風のものの中に、濁った水がよどんでいた。道は、水槽の前から右に曲り蛇行して上り坂となっている。上っていくと、ダムに出た。ダムの岩は、白く爛れていた。

その日は、通洞の旅館に泊った。

第二日目

翌朝、昨夜からの霧雨の中を、通洞駅から、二両編成のディーゼルに乗って、間藤へ向かった。約二分ほどで、足尾に着いた。そこには、多くの硫酸タンク車が停まっていた。硫酸は、古河鉱業が熱精錬で排出させる亜硫酸ガスを回収して生んだ副産物だ。足尾駅を出て間藤まで、またもや二分。「通洞」「足尾」「間藤」と歩いてもたいしたことのない距離なのに、三つも駅がある。当時は、多くの鉱夫が、乗り込んだことだろう。今は、その姿もない。

間藤駅から、足尾銅山本山、松木川へ向かって歩き始める。コンクリート道路の両側に、平屋の低い家が立ち並んでいる。左手に「足尾機械、古河機械」の工場がある。この町並を進んでいくと、右手の層をなした岩の下に、さびた直径一メートルの鉄管が一本あった。これが発電所跡である。明治二三年一二月にできた、日本最初の水力発電所である。これによって、鉱山は、燃料の不足も、運搬の不便も、もっとも苦しんだ湧水の問題も一挙に解決されたのである。今では見落として過ぎてしまうほどだった。

間藤の町の屋根は低く、その多くにコールタールがぬられていた。赤茶色の電信柱が並んでいた。日曜日だというのに、製錬所へ向かう大型トラックが狭い道をいっぱいに走っている。川をへだてて向こう側に本山精錬所が見えてきた。昭和四八年に閉山になったというのに今でも機械の音が聞こえる。外国から浮遊製錬ずみのロットを買って、熱精錬を続けている。もう本山は、木一本も生えていない赤かっ色の禿山である。私の目の前を昨日の午後に見たすばらしい日光の山々が通り過ぎた。

さらに渡良瀬川上流へ向かう。アスファルト道路もぷっつり切れて、砂利道である。両側にあった家々は姿を消した。禿山が、道の右手に迫り、今まさにくずれ落ちてきそうな感じである。連日の雨のためか、禿山からの美しい水が道をよこぎって渡良瀬川へ流れこんでいた。滝の落ちる音が耳に入ってきた。正面の四、五段になった足尾ダムから落ちる水の音である。禿山の中の唯一の「美しさ」という感じだ。それを左に見ながら砂利道を上り、ダムの上に立った。三つの沢がこのダムに流れこんでいる。しかし、ダムというより沼という感じで、水があるのは、ダムのコンクリートからわずかの部分で、あとは土砂が堆積している。このダムは、日本第一の砂防ダムということだが、すっかり土砂に埋まり、ダムの中に道があるという奇妙な光景である。そこを通っていくと、作業現場の跡がある。作業員の小屋が雨にぬれていた。わきを通って、禿山の先端を回わると、両側に緑ひとつない山頂が霧雨の中を突き抜けている。その下を一つの谷が続いている。これが松木川であろうか。ここから上流に有機物の枯死帯が始まる。かつて、この上流に煙害で滅ぼされた松木村があったのだ。

その原因となった、本山精錬所に向かって下った。左側の渡良瀬川の崖の上に禿山をバックにして本山精錬所が見える。ダムに近いほうに、高いコンクリートの脱硫塔がある。鉄のタンクに「世界にのびる足尾精錬」の文字がある。渡良瀬川にかかる「古河橋」を渡る。右手の精錬所の入口に、「立入り禁止」と「写真禁止」の札が真先に目に入った。見られるのは、本山鉱跡だけである。精錬所までひいた鉄道の鉄橋の下を通って本山に入っていった。アスファルトの道が蛇行して上っている。しばらく行くと、坑夫長屋の跡が山の各所に散らばっていた。中は荒れるにまかされて雑草の中に今にも朽ちはてようとしている。「三養会」と書かれた生協の売店も、板が打ちつけられている。そのわきの草の中の石段を上っていくと、神社の姿も見られた。石段と反対側には、「従覧謝絶」という看板の先に、かたく門が閉ざされていた。あたりは人影はない。禿山の中に、ただ、静かに雨にぬれているだけだ。これが、日本第一の銅山として明治政府を動かした足尾銅山の本山であった。

本山をあとにして、通洞坑口まで足尾の町の中を歩いた。この町に、明治政府を動かし、渡良瀬川沿岸三〇万の農民を苦しめた力がどこにあったのかと思えるほどの小ささである。通洞駅の前を通り、左に折れると「古河鉱業」の社宅が左側に軒を連ねている。少し下ると、右手に近代的な町民センターの建物があった。中には「足尾銅山記念室」がある。それを回るように、砂利道を下っていくと、通洞坑口があった。坑内観光開発計画が進められていて、坑口の前に真新しい建物が建っていた。古くなった坑口と、さびたトロッコとそれの対比が変わりつつある足尾の町を象徴しているようだ。足尾銅山は、慶長一五（一六一〇）年に露頭が発見されてから、昭和四八（一九七三）年まで、銅の採掘が為された。盛況時には、四万人ほども人口のあった町も今は数千人ほどだという。鉱山が閉山した足尾は、観光の町と変わりつつある。近年、採鉱中の〝スライム〟が陶器に非常に適していることが確認され、「足尾焼」として作り出されている。人々の話も「鉱毒の足尾」は、もう昔のことだよ、という感じだ。

そんな足尾駅から二両編成のディーゼルに乗って足尾線を桐生に向かった。乗客は、荷物を背おったおばあさんと、休みで帰ってきていたのであろう、若い女の人と、ごく少人数である。通洞駅を出て原向駅へ着くと、一人のおじいさんが乗ってきて、行商のおばあさんと話をしている。渡良瀬川で釣った魚の話だ。鉱毒に汚れた渡良瀬川にも魚が帰ってきていることを知った。この駅は、無人駅だ。後で分かったのだが、ここには巨大な原堆積場があったのだ。足尾最大の堆積場の一つである。

大きな岩がごろごろしている渡良瀬川にそって、汽車は原向駅を出て、沢入駅に入り、トンネルへと進んでいった。もう赤かっ色の禿山は見えない。緑一色である。トンネルの壁の向こうがダムであり、「草木」という村がかつてあったのである。草木村は、突然ダムのために犠牲になった。このダムは、エレベーターシャフト式で鉱毒を沈澱させた上水だけを取水して下流へ流している。昭和五三（一九七八）年は、稀にみる渇水で、砂防など多目的に作られた草木ダムも、湖底が現われてしまった。ダムの底は、足尾の山々から崩壊して運ばれてきた土砂でみるかげもなく埋まっていたという。九〇年間は土砂を支えられるとみられた草木ダムは、三〇年間はもたないだろうとさえ言われている。先に見た足尾ダムがほぼ三〇年で埋まったように。すると、またもう一つ大がかりなダムにとりかからねばならない。草木ダムは、その完成に三〇年を費したのだから、国費を使って、古河鉱業の尻ぬぐいをしてゆかねばならないのだろうか。もう、鉱毒で谷中村を、烟害で松木村を、土砂で草木村を犠牲にしている。

列車は、トンネルを抜け、「神戸」駅へ進んでいった。この足尾線の駅は、無人駅が多い。かつては、「あかがね街道」筋の宿として鉱夫がのぼり、地金が運びおろされた。雨に洗われて、紅葉ももうすぐな緑の美しい中を列車は桐生へ進んでいった。

桐生駅から両毛線に乗りかえて田中正造の生誕地佐野市へ向かった。足尾線沿いに流れていた渡良瀬川は、今度は、両毛線にそってその南を下っていく。沿線の田には、稲が重く頭を垂れている。鉱毒などすっかり昔のこととなってしまったようだ。

三〇分ほどで、佐野駅に着いた。駅を出ると、「田中正造翁生誕地」という大きな木柱が目に入った。駅のすぐ前のわりに狭い道を南に、田中正造の分骨地の一つ春日岡惣宗寺をめざして歩き出す。地図を見ると、城下町だったために、道が碁盤の目のように並んでいる。一〇分ほど行くと、金井上町という通りに出た。それを西に進むと左側にあった。佐野市公民館のほぼ向かいである。門を入ると右手に東向きに大きく惣宗寺。佐野市でもっとも大きく、明治時代には、安蘇郡自由民権運動の中節社の事務所が置かれていた。門のほぼ正面に、渡良瀬川の大きな石を組んでその上に自然石の墓碑があった。高さ三メートルもあるだろうか。五つの分骨地のうちで最も大きいものである。金木犀の香にまじり、正造翁の墓から線香の煙がたち上っていた。足尾銅山の荒涼とした様子を見てきた後だけに、さまざまな思いが頭をかすめた。雨にぬれた正造の墓も夕闇に沈んで第二日目も終わった。

第三日目

昨夜、台風が通り過ぎ、今朝は久しぶりの秋晴れだ。まず、市役所に出かけて、市長さん、佐野市史編纂室の石田さんに御目にかかり、石田さんに正造の生家や雲龍寺、田中霊祠を案内していただくことになった。

昨日見た惣宗寺の分骨地に行き、正造の生家のある小中町へ向かった。両毛線を北に越え、秋山川を渡って西北に抜け、唐沢山を右に眺めて、一〇分ほど行くと小中町に入る。右側に「史跡田中正造邸宅」という木標が見える。その瓦屋根の門をくぐると正面に平家の小さな家がある。これが正造の生家である。屋根は、かけかえられて茅葺きから瓦屋根に変わっているが、その他は当時のままである。向かって左側に入口があり、右手が縁側という作りである。裏にまわると、小さな倉があり、荒れたわずかの庭に、草がはえているだけだ。林先生が『田中正造の生涯』で書いているように、「それがいかにも小さい」。正造の家は代々名主だった。

前まで人が住んでいたそうだが、今は、空家になっている。「この家屋敷を正造は小中村に寄付した。正造はわが身と、財産のすべてを社会に差し出してしまったのである。田中正造は農教会を小中につくってほしかったが小中の方では、勝手に農協倶楽部と変えてしまった」(『果てなき旅』)という。その農協倶楽部がここを保管している。

正造の生家と道をへだてて「小中霊場」がある。屋根がかけられて回りを金網で囲われた中に「義人田中正造碑」(島田三郎題)がある。表には正造の歌と、正造の姿が彫られている。ここにも線香がそえられていた。裏に回ってみると、

「列正院殿高風義達大居士」
天保十二年十二月三日生、大正二年九月四日逝去
田中正造　享年七十三才
「貞松院殿義淳清勝正大姉」

嘉永二年五月十二日生、昭和十一年一月二十一日逝去
妻勝子　享年八十八才

の銘文があった。表の碑文に拓本の跡がみられ、なんとも痛々しい感じがした。

ここを出て、来た道を少しもどって左折し生家を背にして北に進むと、道の左側に東向きに田中正造の菩提寺、浄蓮寺がある。近年、火事で焼けてしまったとかで、真新しく建て替えられていた。

この浄蓮寺を後にして、佐野市を北から南に通り抜ける。秋山川にそって南に下り、今度は、東武鉄道佐野線にそって進んでいった。多くの寺院が車の中から見える。

二〇分ほどで「渡良瀬大橋」のたもとについた。そこを右折して渡良瀬川の堤防にそって行くと、すぐ、川俣事件の集合地、雲龍寺へ着いた。ここには、四県連合鉱毒事務所が置かれていた。寺の門にすぐ渡良瀬川の堤防が迫っている。河川改修で当時よりも小さくなったとの石田さんのお話だった。門を入ると左手に、

田中正造翁を祀る救現堂がある。正面の「分骨慰霊場宝塔」は、今まで見た分骨地の様子とは違っていた。石で作られた「塔」でお墓という感じではない。その右隣りが救現堂で、裏には川俣事件の時に農民により運ばれた「血に染められた舟」があった。救現堂の前に、細長い板に正造の歌が書かれたものがいくつも並んでいる。その右の歌碑には「毒流す悪さやめずば我止まず渡らせ利根に血を流すとも」の歌がきざまれていた。見なかったが、本堂には、木下尚江書による田中正造翁日記最後の語「悪魔を退治する事能はざるは我亦悪魔なればや」の掛け軸があるそうだ。各村々を、歩きながら正造翁は歌をよんだようだ。

「老朽に我身人数に取らねども
　無邪気の民の末いかにせん」
「つかれてハごろり昼寝の間似をして
　死ぬほどの楽ハあらざりし」
「毒ニなやみ水にやつるゝ村人の

こゝろぞ神も世の人もしる」
「毒の野や涙だの種ハいやまして
実りもやらぬ渡らせの秋」
「飢に泣く民のなミだの露ほども
ミのらぬ野辺の秋の夕ぐれ」
「海空と同じこころになりしより
尚よの中の忍びざりける」

時には、怒りを、悲しみを、淋しさを、思いやりを歌に綴った正造の姿が、目に浮かんでくるようだ。

雲龍寺を出て、渡良瀬川を右手に、堤防にそって、「渡良瀬大橋」のたもとを横ぎって進むとすぐ、田中正造の終焉の地（現、庭田隆次氏宅）がある。二階建ての大きな家である。これに比べると名主正造の家の小ささが分かる。大正二年八月二日渡良瀬川沿岸町村巡視のために正造は、早川田雲龍寺や下羽田の庭田恒吉宅を訪れた。が、いずれも留守のため西隣の庭田清四郎宅を訪ねた。この場で正造は床に伏し、同年九月四日午後一時逝去した。その最後の室が、向かって一階の左はしの室である。春日岡惣宗寺で行われた正造の葬儀には、約五万人の人々が集まったという。明治の元勲山縣有朋の葬儀（国葬）は、東京の日比谷公園で行われ約一万人の参列者だったと聞く。

ここから、北上し、佐野市を横ぎる国道50号線へ出た。東に向かった車の中から正面の秋空の下に筑波山が見られた。道は、50号線から藤岡町と田沼町を結ぶ道につきあたる。それを右折して、田中霊祠へ向かった。佐野市と分かれて藤岡町に入っていくと、右手に渡良瀬川が流れ左に田が並ぶところに出た。その田の中に小さな杜《もり》が見える。そこに田中霊祠がある。田の中の細い道を進むと左手に鳥居がある。それをくぐると、右手に大小の石碑が立っている。数本の木が両側にたち並ぶ道の正面が「田中霊祠」である。神社でも寺でもない。木下尚江が「霊祠」と名づけたという。霊祠の正面には寄付者の名が書かれた札がかかっている。正造の弟子の島田宗三さんや「雪印」をつくった黒澤酉蔵さんの名がみられる。

最近、藤岡町にたった田中正造翁の銅像の寄贈者の名も並んでいた。「正造」という名がめだつのにはおもしろさを感じた。中には「木下正造」という名まであった。この霊祠の隣りには、谷中残留民島田宗三さんの兄熊吉の家だった島田清氏宅がある。

こうして、佐野市での正造に関する場所は見終わった。そのあと佐野市にもどって石田さんと食事をしながら話をうかがった。佐野市では、現在刊行中の『田中正造全集』（岩波書店）が二〇〇セットも出ている（佐野市人口七万人）と前に本に書かれてあったのでうかがってみると「本当に読むために買っている人は、ほとんどいない。買っておけば高くなるから。人が買うから、佐野市民として私も買わなければ云々」というのが強いということだった。また、「佐野市では、若い人が田中正造に興味を持ってやっている人は少ない」という。市史編纂室を訪ねるのも他県の人々が多いとのことだった。佐野市のタクシー運転手の話もそんな感じだった。「最近田中正造という人間がさわがれ出したから、生家が佐野にあることなどを知ったが、それまでは、ほとんど知らなかった」という。

一部の関係者などによっては、毎年シンポジウムが行われているそうだが、多くの人々には、足尾鉱毒事件や田中正造への関心は薄い。「観光地」としての観点だけが先走りしているようだ。正造ゆかりの地の実態を知り、どこも同じという気がした。

佐野市での日程が予想以上に早くすんだので、鉱毒の被害が今も残る太田市毛里田地区へ行ってみることにした。佐野では、農業用水を市の中を流れる秋山川、その他から引いているので害はない。が、毛里田地区では、渡良瀬川から引いているので今でも被害があるという。

佐野駅から、両毛線に乗って足利市へ。一〇分ほどで着いた。国鉄足利駅から渡良瀬川の堤防の上を歩き、渡良瀬川にかかる橋をわたる。下を見ると川幅の四分の一ほどのところを水が流れている。残りは、草がはえ、場所によって駐車場などになっている。これは提外地である。ここには、足尾銅山の鉱業がそれほど盛んではなかった時には上流から肥えた土が運ばれ、薄くても二、三寸、厚ければ四、五寸、極く厚いところは、六、七寸から、八、九寸堆積し明治一二、三年の頃までは、何種類もの作物が、ただ、種さえ蒔いておけば実によくなったということで、谷中村などの提外地は、提内地の地価の二、三倍はあったという。そんな渡良瀬川をわたり、東武線足利駅から太田市へ向かった。太田駅からバスに揺れて田の中を進んで二〇分ほどで目的地毛里田地区がある。バス停から道をへだてて右手に毛里田農業協同組合があり、そのわきの道を入っていくと、小学校の向かい側に毛里田公民館があった。入って正面に、鉱毒におかされた稲が展示されていた。稲の伸びが正常のものと比べてずいぶん小さい。もちろん収穫量も少ない。一枚の田の中でも用水の取り入れ口付近でとれた稲の伸びが、奥の方でとれたのにくらべてずっと小さい。取り入れ口から入る鉱毒の量によって決まるらしい。今も残る鉱毒の実態を初めて知った。公民館の人の話では、今でも用水路から流れ込む銅の被害を少なくするため、鉱毒を沈澱させる溜池を造り田圃へ入れているそうだ。収穫が終わると沈澱した泥土をさらい毒塚として積んでおくとのことだった。近くにも見られるというので、公民館を出て稲がたわわに実っている田の中を歩いてみた。田の一角に稲が植えられていない場所があった。これが鉱毒溜であろうか。私の目ではそれが確認できなかった。稲の伸びや稲が昨夜の台風でたおれていたりで、見分けられない。用水路をのぞいてみると、意外にもメダカが泳いでいた。だから、田の中を歩いた実感としては、鉱毒の被害は分からなかった。しかし、実際、まだ鉱毒の害はあったのだ。足尾精錬所やダムや堆積場が頭をかすめ恐ろしさを感じた。

夕暮れの中の毛里田地区の田を後にして三日目も暮れた。

第四日目

朝、雲が多く一雨きそうな空である。佐野市図書館で『佐野市史近代通史下』を購入し、この旅の最後の地「旧谷中村遊水池」へと向かった。昨日と同じ道である。田中霊祠へ着いた時には、雨が落ちてきた。霊祠の隣にある島田さんのお宅へうかがったが、あいにくいらっしゃらず、話をうかがうことができなかった。家の前では、雨のまじった風に稲がゆれている。

島田さんのお宅から渡良瀬川に沿う補装道路へ出て、東へ進んだ。五〇〇メートルほど行くと右手の渡良瀬川に東武日光線の鉄橋がかかっている。そこをもう少し行くと左手に藤岡町文化センターがある。ゆるい坂を下っていくと、左手に田中正造翁の銅像が立っている。羽織袴に、杖を持った高さ三・三メートルの立身像で、ヒゲをたくわえ、はるか谷中村をぐっと見下ろしている。台座は、渡良瀬川の二トンほどもある大玉石を積み上げている。栃木ライオンズクラブが創立五周年の記念事業として「翁の偉大な業績をたたえるとともに旧谷中村の強制廃村に反対して村人と苦楽をともにした翁の精神を後世に語り継ごう」と計画し、総工費一四〇〇万円でつくられたというが、銅像の真新しさが、なにか場違いな気がしてならなかった。総合文化センターの裏へまわると、建設工事が行われていた。「藤岡町郷土資料館」が六〇〇〇万円の費用で建つそうだ。

それを目にし、足尾の町民センターの展示室、佐野の「田中翁顕彰記念館建設計画」が頭をよぎった。そこで生活する多くの人々には、田中正造や鉱毒事件はあまり知られていない。資料を残すことに異論はないが、「型」だけを整えている気がしてならなかった。工事の音を後にして再び渡良瀬川をわたる。橋の上から歩いてきた方をながめると渡良瀬川が続いており、これから行く南東には、だだっ広い「谷中村遊水池」が広がっている。

藤岡の町の中を歩き、藤岡駅からタクシーで旧谷中村跡へ向かった。谷中村遊水池に入る提防のところに旧谷中村共同墓地があった。谷中村に散在していた墓をここに集めたのである。提防からながめると、谷中村遊水池は、茫然とした葦《よし》の原だった。提防から中に入る道をくだって、両側を葦にかこまれた砂利道を北東に三〇〇メートルほど進むと右手に「旧谷中村跡」の立て札がある。それを右に折れ補装道路をさらに三〇〇メートルほど行くと左側に旧谷中村跡へ入る道がある。周りを背よりも高い葦がかこむ細い泥道を進むと左右に分かれる立て札がある。左へ行くと、旧役場跡で、右へ行くと雷電神社、延命院跡である。左の道を進むと、谷中村を説明する立て札がある。そこは、ちょっと小高い竹林である。周りは葦が一面にしげっていて、見わたせない。道にまよったら出られそうにもない。右側の雷電神社の跡は小さな森になっている。延命院跡には供養塔が立っている。この「旧谷中村跡」と道をへだてて、東京都の水がめ工事のブルドーザーなどが、旧谷中村を掘りかえしていた。その光景は、林先生の言葉がぴったりだった。「私は進行中の作業現場を見た。その光景は、私の目には一旦埋葬した谷中村の遺体を再び掘りかえしてこれを切り刻んでいる無残な光景と映った」（『田中正造の生涯』）この工事のために、数年前、前記の延命院の墓地が建設省によってこわされようとしたのだが、水野勝作さんがたった一人でブルドーザーの前に寝ころんでそれを止めた。それ以降、「谷中村遺跡を守る会」というのができて、なんとか防いでいる。水野さんは、谷中村が破壊された時に残った一六戸の一人として、八年間そこにとどまって遊水池になった後に、その場所に葬られた水野彦市の孫である。

見わたすとこの葦の原の谷中村遊水池には、ところどころに小高い土盛と木が立っている。そこに谷中村民の家があったのだろう。土盛は、洪水の時の避難場所として作られたものである。

この葦の原の谷中村を歩いてみて、本の上では絶対に得られないものを手にしたような気がした。この谷中村も葦の原も、工事の様子も、足尾銅山の禿山も、写真や文字でこれまでどんなに見たり読んだりしても、感じとれなかったものである。文字を読んで、足尾銅山の力を知り、鉱毒によって滅ぼされた谷中村を知っていた自分が、現実にその場所に立って、山を見、家を、田を、人々を見て、初めて、足尾銅山を、谷中村を、もう一度最初から追ってみなければならないと痛感した。

そんな想いが強く起るのを感じながら、葦の原を後にして、谷中村と共に滅ぼされるのをまぬがれた村を通って、谷中村の西側に位置する板倉町の役場へと向かった。そこで『板倉町史――資料編足尾鉱毒事件』を購入。そして、正造の分骨地の最後の地、北川辺町の麦倉小学校へ急いだ。役場から南東に進んでいく。道の南側の田の向こうには利根川が流れている。一五分ほども行くと右側に小学校があった。運動会でにぎわう校庭の一角に分骨地があった。一段高くなったところに、コンクリートでできた小さな御堂があり、その中に「故田中正造之墓」があった。毎年、一〇月四日は、祭りをやって供養をするという。今日は、一〇月二日である。

正造の最後の分骨地を後にして、柳生駅まで歩きながら、私の渡良瀬歩きが終わった。

私の旅も、佐野市などで感じた「観光めぐり」だったかもしれない。しかし、谷中村で感じたことが今回の旅の最も大きな収穫だった。「もう一度出直さなければならない」という気持ちが私にとっての渡良瀬の「土産」となった。

最後に、正造の日記の「最後」の文を引いて稿を閉じたい。


「悪魔を退くる力らなきもの丶行為の半ハその身モまた悪魔なれバなり。已ニ業ニその身悪魔の行為ありて悪魔を退けんハ難シ。ここニ於てざんげ洗礼を要す。

ざんげ洗礼ハ已往の悪事ヲ洗浄するものなれバなり。」（大正二年八月一日）

補　『林竹二・天の仕事』から考えたこと

林竹二先生が亡くなられてちょうど一年が経った一九八六年四月一日、その日に合わせるように日向康先生の『林竹二・天の仕事』が出版された。林先生が亡くなられてからそれまでさまざまな追悼の辞、研究の稿などを収めた雑誌あるいは書籍が刊行された。そのほとんどが一方的な林竹二礼賛の内容であった。その中で、一一月一〇日(ほぼ他の特集が出尽くしたと感じられる頃)に『思想の科学』が臨時増刊号として、「林竹二研究のために」を発行した。日向先生が「後代のために先生の哲学的生涯の一端を遺そう」と意図し、「先生の『生』の意味が長く正確に語り継がれることのみを願って」編集している。その意図がこれ以前の書籍とは格段の差をもって達成されているように思える。それは、斎藤喜博先生との留別の問題についても一方に片寄ることなく、松本陽一氏と渡部金五郎氏の二氏によって、両面からの意見を掲載していることからもうかがえる(その点、『総合教育技術』の「特集・林竹二の授業――教育に遺したもの」では、西田秀秋氏などが、斎藤先生と教授学研究の会批判に一方的に傾いて書いている)。この『思想の科学』の特集の後を受けて、『林竹二・天の仕事』が出版されたわけである。

この本では、日向先生が把えた林竹二先生、林先生と日向先生との関係、そこから学んだことが語られている。そこには「後代のために先生の哲学的生涯の一端を遺そう」とした願いは脈々と流れている。また、林先生と日向先生が過された四〇年間という時間のさまざまな関わりを述べて、「この四十年、ただ、私には楽しかった」という日向先生が感じた気持ちを読者である私たちにも感じさせてくれる内容になっている。

本書での意義は、林先生とキリスト教の関係を明らかにしたことであろう。本書をまとめる上で日向先生は、明らかにしたかったことを二つあげている。「第一は、先生とキリスト教との関係を判然とさせることであり、第二は、先生が「学問」を自己の「行為」に結び付けるようになられた時期を特定する」ことである。

林先生とキリスト教の関係については、私が田中正造に関した文章を読んだ際に疑問に思っていたことである。その時は、ただなんとなく、（林先生は、キリスト教の影響を強く受けられているのだな）という軽い判断しか持てずにいた。今回この本によって、興味深いことを知ることができた。

それは、林先生の生涯を通じて流れていたものがメイチェンという人のキリスト教であるということだ。人間を「量」で把えることを避け、人間をあくまでも「個」として把える問題意識が林先生の中でのすべての思考や行為の根本になっていると思った。それがメイチェンのキリスト教のためだということだ。それを知るために、日向先生は林先生が学ばれた東北学院と仙台教会との宗教上の争いを細かく掘り起こしている。その顚末を探る中で林先生とキリスト教の関係が少しずつ把えられてくる。

林先生は、中学時代に転校先で角田《かくた》桂嶽《けいがく》という英語教師からキリスト教に入り、その角田の勧めで東北学院に入学している。そこで、教授として赴任した角田に再会し、恩師となる山川丙三郎《へいざぶろう》に出会う。山川丙三郎は、『神曲』をはじめとする数々のダンテの作品の翻訳に一生を捧げた人物で、最晩年に林先生の仕事の中心となる新井《あらい》奥邃《おうすい》の弟子である。日向先生が述べているように、森有礼から新井奥邃へと続く林先生の学問を思う時、この山川丙三郎との出会いは、「神の摂理」ともいえる。

角田は東北学院を解職されている。角田と東北学院との宗教上の争いを掘り下げていくうちに角田が師事したメイチェンの書を見つける。日向先生はこの書『信仰とは何ぞや』を角田が翻訳し、その成立に林先生が関わったことを突き止めている。それは、この本の序文に、「貴重なる時間を割いて多大なる援助を寄せられた山川丙三郎氏、並びに余の片腕となり時間と労力を吝まずして余を援助された矢板竹二氏に衷心より感謝をささげる」と書いていることからも、メイチェンの書に林先生が触れられ、そこから学ばれただろうことが推察される。そして、先に引いた人間を「個」として把える考えが林先生の中に芽生えたのだと日向先生は考えられた。

日向先生が発見したのは、このメイチェンの説くキリスト教が林先生の中に、一生を通じて流れていたことである。人間を「量」としてではなく、「個」として把えるべきだという教えで、それが林先生の生き方の中に流れ続けているという指摘である。例として、敗戦直後に口にされていたという「『保守反動』をもって自ら任じる」とか、一九五八年七月の中央教育審議会「教員養成制度の改善方策」の答申に反対し、「自分一人で活動し、自分のやり方でオルグするという行動」にも現われていると指摘し、田中正造の生に対する把え方に結びつけていると結んでいる。田中正造の生を考える時、社会主義者が労働者の戦いの組織のために谷中問題から離れていく中で、一人谷中残留民と共に戦いを続けた田中正造の生き方への林先生の評価にみられるということだろう。林先生自らの行為としても、社会から切り捨てられた子どもたちが集まるとされる湊川や尼ヶ崎高校に入って授業をするという生き方にも流れている。

このことの理解を助けるものとして、マタイ伝の「……もし、だれかが百匹の羊を持っていて、そのうちの一匹が迷い出たとしたら、その人は九十九匹を山に残して、迷った一匹を捜しに出かけないでしょうか。……」の言葉を引いている。

もう一つ、林先生がメイチェンから受けた影響として自由な広い目を開かせてもらったことにも触れている。メイチェンの自由な人間観がアリストテレスからソクラテスへと関心を移された林先生の行動の自由を許容したと思えると語っている。

林先生の思想を形作ったというメイチェンのキリスト教を掘り当てたことは、本書の大きな特質であり、林先生を理解する上で貴重な発見である。

本書においてもう一つ大きな問題は、林先生の教育観について述べていることである。林先生の生涯を考える時、忘れることができないのは、人間の「生」を「行為《プラクシス》」として把えることだ。日向先生が繰り返し書いているように、林先生はこのプラクシスの立場をとられ、それが教育観にも現われ斎藤先生との訣別の要因となった。林先生の教育観理解のために、本書では斎藤先生について述べながら、林先生との違いを際立たせることで林先生の教育観に迫っている。林先生が授業に関わった期間を第一期〜第三期（第一期はその初期から一九七七年八月の片山津における講演まで。第二期はそれから「湊川」においてある種の絶縁を迎える時期まで（一九七九年後半ころ）、それ以降）に区分しており、理解に役立てている。

斎藤先生については、「力でおっぷせる」人間と評し、林先生との違いを述べている。しかし、そう判断するには斎藤先生と林先生が歩んだ立場の違いと教育に対する取り組みの違いがあるように思える。

昭和二〇年代～三〇年代に校長として学校を組織し、周囲からの批判を浴びながらも実践を重ね、子どもと教師を育てていかなければならなかった斎藤先生と、授業を重視し、一時間という授業を重ね教育を考えていった林先生との違いがそんな差を引き起こすのではないだろうか。

斎藤先生を「教え込むタイプの人」と判断し、「この教え込むというタイプに出会うと、私は拒絶反応を起こす癖がある」という評価をしている。日向先生が実際に斎藤先生と話をしたことなどを例にとって書いているが、人間の質の違いを強く把えての考えのように私には思える。林先生の人間の質については、日向先生の息子さんによる林先生評にその一端が現われている気がする。

「だいたい、若者に向って話をするとき、大人は無理に相手に近付こうとする。だから、若者に迎合する姿勢が目立つものだが、全然、先生にはそれがない。これだけでも珍しいのに、もっと驚いたことがある。それは、先生も子どものころの遊びを話したんだが、その話し方に思い出話という嫌らしさが感じられないんだな。まるで、たったいま、遊びから帰ってきましたというように、本当に楽しそうに話すんだ。いやあ、驚いたな。珍しい人に会ったものだ」

このような良い質の林先生に四〇年間師事した日向先生にとって、斎藤先生との違いはより大きな差として映り、二人を判断する上で影響しているように感じられる。

二人の違いの上に立って、プラクシスとポイエシスの違いによる片山津での講演による訣別ということになる。この訣別を思う時、二人が違う場所に立ってしまったという感じを強く持つ。本書にあるように、「……先生は「介助」ということの中に教育そのものの原点を見る。……この介助とはなにか決まったものを教え込むことではなり立たないだろう」という立場に林先生は進まれ、「晩年の先生が学校そのものの在り方を根源的に問い直す段階になると、それは「良い授業」などという程度のものでは不可能と判断するようになられた」。一方、斎藤先生は、あくまで一般の学校教育の中で、授業を通し教育の事実を創造しようと務めた。しかし、それは、決まったものを「教え込む」という低いレベルでの実践ではない。そのことは、多くの教授学研究の会の実践を見れば明白である。

林先生はプラクシスの立場で、斎藤先生と訣別し、第二期以降の仕事に進んでいく。第二期以降変わっていった林先生の姿は、日向先生が健康を気づかわれ、奥遂研究の完成に向われた方が良いと心配されたように、田中正造の谷中村での生き方そのままに、教育界で湊川や尼ケ崎での痛々しいまでの生き方となっていった。その点について、日向先生は「天」から与えられた「仕事」として把えている。林先生が教育界における谷中村のような湊川や尼ケ崎高校に入っていかれた姿を思う時、田中正造が晩年に述べた「自分は教育を行ってこなかった。自分だけが高い所にきてしまった」という言葉を思い出す。湊川や尼ケ崎での林先生の「行為」とその中での教育への叫びとは反対に、谷中村で田中正造が立った前述の立場に林先生も立ってしまったように思えてならない。端的に言うならば、林先生は湊川や尼ケ崎の中で学んでいった一方で、多くの人々がついていけない高みにまで行ってしまったのではないか。斎藤先生は、そこまで、つまり、教育界での谷中村まで入らずに、最後まで具体的に、そして、自分だけで行わずに教授学研究の会を育てていったのだと思う。

　異なる二つの立場に立つ二氏のどちらがいいのかという結論を出す気は私には無いし、出す意味も感じない。しかし、二氏の訣別についてはこれからも多くのことが語られるだろう。しかし、「第一期に林先生と斎藤喜博氏の間には「友情」が存在していた事実は認めるべきだ」という日向先生の指摘は忘れてはならない。私には、この「友情」が成立している時期の友情の書『授業の成立』の中から学ぶべきものを見つけることの方が、二人の訣別を云々するよりも大切なことに感じられる。

　教育観を考える上で、疑問に思うことをあげてみる。それは、プラクシスとポイエシスのことに関してである。

　林先生の教育上に関する仕事を考える上で参考になるのは、写真集『授業の中の子どもたち』『学ぶこと変わること』、その他、本の中に数多く盛り込まれるようになった写真である。林先生の『授業　人間について』の中では、子どもたちの写真は一枚もなかったように思う。その分、説得力を持っていたものは、林先生が取り上げた子どもたちの感想文である。そこに授業の中での高い集中を林先生は読み取っている。

ある時、林先生と斎藤先生が同じ授業を見た後に集中している子に話がおよんで、林先生は、子どもの感想文から、斎藤先生は、子どもの表情から判断してその子を決めた。二氏は、その子が同じ子であるかどうかを確かめに行って、同じ子だったという話がある。このように、初期に子どもの感想文から子どもたちの姿を引き出していた林先生が、『授業の中の子どもたち』以降に、裏付けするように写真を使い出した。そこには、斎藤先生が、島小学校・境小学校での実践を『未来誕生』『いのちこの美しきもの』『斎藤喜博の仕事』という写真集として出したことと同じものではないかと感じる。これら、子どもたちの写真は、プラクシスの立場からするとどうなのだろうか。

高い実践を通じて、授業という行為が高い水準にあった時にだけ、写真に見られる解放された美しい子どもの姿が出てくるのではないだろうか。その証しとして、林先生も多くの写真を提示し理解の助けとしているように思える。そうでなければ、プラクシスの立場をとる林先生がこれほど多くの写真を使うのはおかしいように思える。

最後に、林先生と日向先生の関係に触れてみる。本書には、多くの楽しい林先生のエピソードが盛り込まれている。先生との如月会時代の話。『それぞれの機会』を出版したころの人間を見る林先生の目についてなど、林先生を知る上で、日向先生でなければ書けない貴重な体験や話だ。焼夷弾を消して歩いた林先生の姿、米などと交換できる貴重品の煙草を交換に回さなかった行為等々。

日向先生と林先生の関係については、大佛次郎の『天皇の世紀』を引き、「畑の草を抜きながらの雑談に、この一介の村の先生の尋常でない人格があとで気がついたとしても弟子たちに自然に伝わった」と述べているところを読んだ時、「私は自分と先生との関係を重ね合わせて、教育とはそのようなものであるのだろうと何回もうなずいた」と書いているように、「雑談の中で人間について教わった」

ようである。それは、敗戦後に林先生に出会った時、作家になりたいと言った日向先生に対し、「小説の勉強をしたければ、長谷川伸を読んでごらんなさい」と言った林先生の教えからもうかがえる。多くを教えるのでなく、「……を読んでごらん」という教え方によって、自ら探り当てることを望んでいたのだろう。ここに、林先生の教えることの特徴が現れている。それに忠実に応えながら師事した日向先生の姿が推察される。

そんな二人の関係を思う時、谷中村での田中正造と島田宗三との関係が頭に浮かぶ。田中正造の事跡を克明に記憶し、『田中正造翁余録』という後世の田中正造理解になくてはならない役割を果した書を世に送った島田宗三翁と同じように、日向先生は、本当に、初めて林先生と出会った昭和二〇年代から林先生の語った言葉を覚えて記録している。そして、今回、このような林先生の生涯と林先生の理解に大きな礎石となる書を世に送ることができた。弟子もまた、田中正造から学び、田中正造の弟子と同じ道をたどる結果となったように思う。

本書を改めて読み返し、多くの事を発見できたし、「この四〇年、ただ、私には楽しかった」という言葉の意味が分かった。

第四章　教育実践の記録　その二

一　版画「田中正造」——小学六年生の実践

田中正造に決めたわけ

予は下野国の百姓なり、天保十二年十一月三日（旧暦）をもって、安蘇郡小中村に生まる。幼名は兼三郎と呼び、父は富蔵、母はサキという。

（『田中正造昔話』）

で始まる『果てなき旅』（日向康［著］福音館書店）の中の田中正造を題材にして版画の共同制作をやりたいと思い続けていた。

田中正造は、足尾鉱毒事件と死ぬまで戦った人物として知られている。私が、田中正造に初めて触れたのは、もう六年も前のことであるが、その時、今までに出会ったことのない種類の人物、田中正造の生き方に感動したのを覚えている。その当時、公害問題が大きく取り上げられ、彼の名はマスコミで脚光を浴びていた。教科書などにも、国語、道徳、社会の教材として取り上げられるようになった。しかし、それらの内容は正造の姿を正しく描き出していないように思えた。子どもたちには本当のものを与えて、その作品の力によって共同制作をやりたいと考えていた。それに堪えるのが『果てなき旅』のように思えた。なんとか一人ひとりにこの本を与えてやりたい。しかし、値段の問題や読み切れるかという不安があり、なかなか思いきれなかった。そんなことを考えながら、初めての六年生担任の四月を迎えた。

一人ひとりに本が渡るまで

四月の家庭訪問を前にして、以前保護者から「本を読まないのでなんとかしてほしい」と言われていたのを思い出した。良い機会と思い『果てなき旅』を読ませることに決め、一軒一軒持ち歩いて説明した。「……実は、子どもたちが本を読まないということをよく聞きますので、六年生のこの一年間を通して、内容も厚みもある本をじっくり読ませてみたいと思うのですが……」

保護者も一応手に取り、漢字に振り仮名がつけてあるのを見て（この本は、小学校三年以上の漢字にはすべて振り仮名がある）、大丈夫と思うのか、どの家も二つ返事でＯＫしてくれた。

学校の方は、校長先生が話の分かる人で、「大いにやれ」と心良く許可をもらえた。これで安心してやれる。

本は、上・下二冊で二九五〇円。一人ひとりが購入する額としては大きい。一週間に百円ずつ集め、一か月で四〇〇円、本が読み終わる頃ということで七か月くらいかけて払うなら大丈夫だろうと考えた。まして、その一〇〇円が自分の小遣いでということになれば保護者も大喜びであろう。さっそく行きつけの本屋さんに相談すると、「お得意さんだから」と、二つ返事でＯＫ。一か月集まった分ずつ払い、かつ、一人二七五〇円に値引きしてもらうことができた。

これで本当に子どもと読むことができる。信じられないままに、注文した本を待った。

本を読み始める

しばらくして本が届いた。渡された本を開いた子どもたちは、本の厚さと字の細かさに驚いているようだった。「おら、読めねえ」という声が方々から聞かれた。子どもたちは五年生の実績からして、本を読まない。マンガ専門である。だからそのまま渡して、読もうと言っても子どもたちは読みそうになかった。それで道徳の時間の一部を利用して読むことにした。毎週土曜日になると持ってきて読む。気長に読んでいこうと思った。

何週間かする内に、子どもたちにも進度の差が現われ出した。最初は面倒臭そうにしていた子が、進んでいる子に「面白いか」などと聞きながら追いつこうとする姿が見られるようになった。ある日、日直で戸じまりに教室へ行くと男の子が本を読んでいる。珍しいなあと思って声をかけると、「バスにはまだ時間があるからもう少し読ませてくれ」という答えが返ってきた。少しずつでも読む子が出てきたことが嬉しかった。

子どもたちの様子を見ると、普段、学習に身を入れられない子の方が、そうでない子よりも多く読み進んでいるのが分かった。面白いものである。

私は、そんな頃を見計って子どもたちに一つの約束を持ち出した。「読み終わった人には、作者のサインをもらってやるぞ」というものだ。子どもたちは、「嘘だべー」と言って信じない。私は、「とにかく読め。絶対もらってやっから」とハッパをかける。幸いにも、作者は仙台に在住されているのでお願いしたところ、快く承諾してくださった。それを子どもたちに告げると喜んで、サイン第一号を目指しペースを上げて読み出した。

夏休み明け、やっと一人の子が読み終わった。さっそくサインをもらって子どもたちに見せる。「うあー、こんなの初めてだ。そのうち、値打ちが出て高くなるかなあ」などの声があがった。それからは、「よし！　おれも」という感じでサインの数は増えていった。

学級の問題と子どもとやったこと

このようにして子どもたちと二冊の厚い本を読みながら、一方で夏休みまでにいろいろなことをやってきた。

クラスは、五年生からの持ち上がりであるが子どもたちの中には、仲間はずれが続いており、まとまりきれずに五年生を終えてしまっていた。六年生になったらクラスがまとまるようにしたいと考えていた。田中正造の版画や「かたくりの花」（表現活動）への取り組みを通して行っていきたいとも考えた。

それに到るまでには、とにかく「楽しい」ことをしようと考え、子どもたちといろいろ取り組んだ。

四月　土曜日の午後には、子どもたち全員で餅草とタラッポ採りに近くの山へ出かける。女の子は、専ら餅草を取り、私と男の子は山に入ってタラッポをたくさん採った。

六月　四月に採った餅草を使ってもちつき大会をやり、草餅を作った。海の子どもたちなのでもちつきをするのは初めてという子がほとんどだった。それでも、男の子は力のあるところを見せ、女の子は餅ちぎりなどをして楽しく過ごした。

七月　子どもたちの学校の中での株を上げてやろうと七夕集会に割合真剣に取り組んだ。活発すぎて、しばしば校内では他の先生方から注意されることが多かった。「ピオネール」と「ます」の合唱を発表する。なかなかのできだった。終わってから、隣りのクラスの子に「二組は、歌だけはうまい」と言われ、子どもたちは、複雑な気持ちながらも満足そうな顔をしていた。

夏休みには、縄文生活を体験させた。豚の骨を削っての釣り針作りや、粘土をこねての縄文土器作りと九時間かけての野焼き。ぼろを利用しての縄文ルックや火起こしに、子どもたちは十分楽しんだようだった。

こんな楽しい活動を通して、子どもたちは卒業の年を楽しみ、クラスとして一緒にやることで、一歩一歩自分たちでやっていく下地を作っていったように思えた。

習作「手」の版画

二学期に入り共同制作の習作として、手の版画をやってみることにした。私は版画については、小学校時代に一度やっただけで、それ以来やったことがない。本屋を探してもいい本がなかったので、とにかく「光の当たっている部分と陰の部分」ということだけ考えてやらせた。子どもたちも初めてということで喜んでやったが、五年、六年と絵を一生懸命描いてきた子が、なかなかうまく彫れなくて悩んでいた。しかし、私にはそれを救ってやる手立てがなかった。完成してのその子の感想は、「うまくいかなかった」というものだった。満足した子が多かった中で、こんな子を出してしまい、どうしようもない気持ちで習作を終えてしまった。

版画を始められるまで

それでも共同制作がやれるという確信を持てたのは、六年生最後の学芸会だった。一年生から五年間ずっと劇を子どもたちはやってきている。今年もそうだろうと思っていた。しかし、最後だからどの子にも残るものをやりたいと思い、朗読、合唱、独唱からなる「かたくりの花」をやることにした。最初「なんで劇やらないのか」と言っていた子どもたちも、だんだんと「かたくりの花」の世界に引き込まれていった。当日は、見ていた保護者からも大きな拍手が寄せられた。

「六年生の合唱は、目を見張る程すばらしく思わず涙が出る程感激しました。今年最後ということもあってか一人ひとり一生懸命に歌い感情を込めた語りが私たち見物客の心をうちました」

「皆、キラキラした目をしていましたね。あれだけの長いメロディーを理解し曲をこなすのはとても困難なことだったと思います。感情をこめて、とても美しく心に残るハーモニーでした。……みんなの瞳は、ひたむきに生きようとするカタクリの魂がとびうつったようでしたね」

「……どの子の瞳も、一言のせりふに自信と不安とで複雑なきもちなのです。一人ひとりみんなが主役なのです。……長い長い歌の中に真面目な心、団結力のすばらしさ、さまざまな心が見えました」

という、お母さん方の感想をもらった「かたくりの花」によって、子どもたちは一つ何かふっ切れたように思われた。そして、残りわずかの期間でも「果てなき旅」の共同制作に向けて「やれる」という感を強くした。

下絵

一二月、これまで読んできた「果てなき旅」の共同制作を始めることにした。しかし、どう進めていったらいいのかと迷った。私には農民の姿や苦しみを子どもたちに描かせる力は、とうてい無いと思った。それで、「果てなき旅」の中の田中正造の生き方に絞って追求させようと決めた。その生き方の迫力を版画の白と黒の世界に出せることを願った。しかし、前述したように、版画の知識はないし、習作でもうまくできなかった子がいた。やれるだろうかという不安が前にも増して起こったが「かたくりの花」を歌った子どもたちの力に期待し、とにかくやってみようと思った。

二学期の終業式、子どもたちには、冬休みの宿題だとわら半紙を一人一〇枚くらい渡して下絵を描いてくるように指示した。

年が明けて、子どもたちが描いてきた下絵を見て、一言「マンガだなあ」と言ったのを覚えている。田中正造の迫力などは少しも感じられなかった。それでも、この下絵から始めるしかない。

そこで、まず「田中正造」の授業をすることにした。田中正造の一生を『果てなき旅』に沿ってダイジェスト的に追っていった。結構長い時間を費やした。話ばかりではつかめないかと思い、正造の生家、五か所の墓、臨終の地、谷中村、渡良瀬川、足尾銅山とまわって写してきたスライドを見せながら説明した。足尾の禿げ山や谷中村の荒涼とした姿などに子どもたちは驚いた様子で、いくらかイメージが深められたようだった。

そのあとで、自分たちが描きたい場面を一人ひとり発表させ、黒板に書いていく。「牢屋に入っているところ」「議員の頃」「直訴」「谷中村でのところ」「洪水のところ」「死んだところ」などさまざまだった。一人ひとりが描きたいところをきちんと持っていることだけは確かだった。話し合っていくうちに五つの場面が決まった。

①「帝国議会で演説する正造」
②「直訴」
③「谷中村の中での正造」
④「川を調べている正造」
⑤「死んだところ」

〈帝国議会で演説する正造〉

グループ分けをし、個人の下絵作りを始めた。何枚もわら半紙を持ち去り描きなぐるが、なかなか思うようなものができなかった。

そんな時、ある子が読み終わった感想を班ノートに書いてきた。

「ぼくは、果てなき旅を読んで一番心に残っているのは谷中残留民の強制破壊の所です。なぜかというと、田中正造の気持ちがとても変わったからです。今までの正造は、農民だったのが議員になり、議員をやめ谷中村の指導者になりました。正造は、家が破壊された時、残留民の行く所を考えていました。しかし、残留民たちはそこにほったて小屋を作りました。この時正造はほんとうにびっくりしたでしょう。ぼくもとてもびっくりしました。まさか、ほったて小屋を作るとは想像もつかないからです。普通の人なら絶対こんな事はしないでしょう。普通の人とちょっと変っている正造さえも考えつかなかったことだからです。正造は、残留民が野宿した事で、自分が前は農民だったという事が心に強くわき出て来たと思います。なぜかというと、正造は議員になっても農民の味方をしていました。けれども、指導者になっているうちに前の自分をほんの少しずつ見失っていったと思います。前の正造は、百姓をぼう害すれば戦うといっていましたが、今の正造は、警察に突撃するのではないだろうかと思っているのです。ぼくは、この場面が口では言い表す事ができない気持ちで読みました。農民のねばり強さ、間明田夫妻が家を立ちのかなかったのも農民のねばり強さだと思います。ぼくは、この本を読んで農業に関する考え方が少し変わったと思います。でも、何よりも田中正造の生き方が分かったことがこれからの生活に強くえいきょうすると思います」

〈直訴〉

これを皆に紹介してこれほどまで読み込んでいるのはすばらしいと話した。それから子どもたちは、もう一度自分の描きたいところを読み直し始めた。

直訴の場面を描いていた子がわら半紙の中ほどに小さく、正造が官憲に両側から押えられているのを描いて持ってきた。絵のまわりの余分な部分を切り取り、子どもが描いた部分を紙にいっぱいになるようにして子どもたちに見せた。子どもたちは「おっ」と声をあげた。これが出てからは、他のグループも紙いっぱいに田中正造を描き出した。この下絵を描いた子は、手の版画で「うまくいかなかった」と書いた子である。

グループの下絵も少しずつ進んでいった。直訴のグループは、画用紙にほぼ決定した下絵を描き出していた。紙が足りなくて何枚かをつなぎ足しながら描いている。しかし、正造と官憲だけではどうしても画面がまとまらないと悩んでいた。このグループに一人、「押し出し」の場面を描きたかったが直訴のグループに入った子がいて、その子が一人で、押し出しの農民を描いていた。グループの子は、それを目にし、正造は、押し出しの農民の気持ちをまとめて直訴したんだということで、その押し出しの農民の姿を背景に入れることに決めた。それによって画面が生き生きとし、その子も満足したようだった。

議会のグループは、鉱毒で倒れた稲を片手に大声で政府を追及する正造を描いていたが正造の顔のイメージが分からないと、「先生、正造の写真ないか」と言ってきた。他のグループもほしいというので、議員時代、直訴のころ、谷中村のころ、仮小屋などの写真を焼き増しし、一グループ二〇枚近くを渡した。「こんな顔し

〈谷中村の中での正造〉

ていたのか」と言いながら、子どもたちは写真を持っていって描き始める。描きたい頃の正造の感じはつかめるが、自分たちの場面の顔のイメージにするには苦労しなければならないようだった。

議会グループは、一人をモデルにしていろいろな顔やポーズをさせて下絵を描いていた。実際に演説までやらせる時もあって他のグループに笑われたりすることもあった。しかし、他のグループもこの頃からモデルを使った描き方が多くなっていった。直訴の場面では、モップを官憲の棒にして正造を押え、後ろから抱える恰好をしたり、羽織の感じが分からないと家からゆかたやどんぶく（綿入れ）を持ってきてやっている。
　臨終の場面では死の床に正造があるため動きがない。それでも子どもたちは、正造の死はそれを見つめる農民の姿とじっと手を握りしめる農民に現われると、暗幕を持ってきて布団代わりにしながら描いていた。モデルをやっているうちに、うとうとしてしまう子もいたようだ。

　谷中村での正造と川を調べる正造のグループは、場面をしぼりきれず下絵が進まなかった。何度も『果てなき旅』の「谷中村」の部分を読み返して話し合い、下絵を描いていた。そんな状態がしばらく続いた。私も、なんとかしなければならないと思った。女の子たちには焦りも見られた。卒業まで一か月半くらいと迫っている。あまり時間が取れない。そんな時、学生の頃録音していたＮＨＫラジオ「日曜名作座『果てなき旅』」のカセットを思い出した。三〇分ずつ一〇回放送されたものである。それを給食の時間を利用して一五分ずつ聞かせた。本とは

〈川を調べている正造〉

また違った感じを子どもたちは受けたようだった。特に女の子たちはこのテープを聞きながら場面をしぼっていった。谷中村グループは、何回もテープの最終のところを聞き、強制破壊をされても仮小屋を立て、洪水の中で頑張る谷中残留民とそれを見舞う正造を描こうと決めた。川を調べる正造グループはそれを取りやめ、谷中村の強制破壊の場面に変えていった。直訴、議会、臨終グループは下絵で完成に近づいていた時だった。

場面が決まると谷中村の二つのグループもモデルを立ててやり始めた。

〈死んだところ〉

洪水の舟の中で病気の老人が家族に支えられながらも頑張っている姿や、強制破壊で女の人が家の柱にすがって官憲のほうり出しに抵抗している姿を子どもたちは熱演して描いていた。このグループの子は、この頃次のように作業の様子を書いている。

「……この版画、卒業まで終わらないと思います。私の班は、おじいさんとそのおじいさんの息子さんのお嫁さんて感じの人と田中正造がでてくる絵です。今日もその下絵をかきました。私は、おじいさんの手をかきました。自分でそのかっこうをしながらやりましたが、うでと手のつり合いがとれません。手ばっかりでっかくて、うでが細いとか、指が長すぎたり、ぜんぜんうまくいきません。でも、ていねいにかいていくうちにうまくいきました。もともと絵はにがてだから一つの絵をかくのにも苦労します。それに比べて、むっちゃんはうまいから、みんなに、「むっちゃん、こかいて」などといわれます。むっちゃんばかりにたよっていくのがこのごろなくなり、一人ひとりが協力してやるようになりました。このままでいくとなんとか終わりそうです」

彫りまで

一か月くらいかかってやっと下絵ができあがり、板の大きさと同じ大きさの紙に描く。板の大きさは、各グループベニヤ板一枚半〜二枚。その大きさに下絵を引き伸ばす。何度も描いては消しという作業だった。大きな紙に描き終わってからは、その上を赤いチョークでなぞり、それを板と合わせて上からバレンでこする。そうすると、板の上に赤いチョークの下絵が写される。これでなんとかやれそうな気がしたが、その後の作業が大変であった。赤いチョークの跡の上から鉛筆で完成の時と同じように残すところは塗り潰し、彫るところは白くしておく。最初、墨でやろうとしたら子どもたちは失敗すると消せないといって鉛筆で描こうと言う。私もそう思い６Ｂの鉛筆を用意して与えた。二メートル四方の板を白黒に分けて塗っていくのは大変な作業だった。白と黒の区別が分からなくなると子どもたちは、その部分を全部鉛筆で塗ってしまってから白くしたい所を消しゴムで消していくという作業を行っていた。こうすると、実際に彫っているようになり白と黒の感じがつかめたようだった。この方法は、子どもたちの間で好評だった。子どもたちは、描いては消すということを操り返しながら、板の絵を完成させていった。

手や服を真っ黒にしながらやった鉛筆の下絵ができあがり、板全体に墨を塗っていよいよ彫り始めである。もう三月に入ろうとしていた。

彫り

卒業の日が迫まっていた。それに向けて卒業式の練習や学年での卒業制作が始まっている。そのため、版画にかけられる時間はほとんど無かった。

二メートル四方の大きさの板を彫るには、いろいろな彫り方の技術的なことがあるだろう。しかし、それらの指導をていねいにやっている時間はない。学年での卒業制作は校歌を木に浮き彫りにするものだ。一人一〇数枚、分担の板切れを彫るのだが、それが彫刻刀に慣れることにつながったようだった。

この頃から子どもたちは、放課後残って彫りを進めていった。その日の彫りの跡が少しずつ板の白い部分になって現われる。それを壁に立てかけて眺め、満足して帰って行く子どもたちの姿が印象的だった。

その頃の子どもたち

その頃、クラスでは「ハレルヤ・コーラス」に取り組んでいた。「かたくりの花」を歌った子どもたちは、卒業に向けてハレルヤをやろうと決めていた。これまでやったことのない三部合唱である。まして二八人のクラス。できそうになかった。しかし、子どもたちはやるという。私は、やるなら自分たちでやるしかないと言い放した。各パートリーダーを決め音とりをする。高音部は、女の子、中音部は男の子二人が頑張ってやるという。低音部は、人材が不足で私が引き受けた。しかし、リズム感の悪い私の脇には、男の子が机をたたきながらリズムとりをしている。授業前の短い時間、ハレルヤのパート練習は、毎日続けられた。卒業に向かって、朝のハレルヤから始まり放課後の版画制作という日が続いた。

卒業式当日彫り終わらず

三月も中旬、しかし、子どもたちの版画の彫りは、なかなか終わらない。土曜日には、弁当を持って来て午後も頑張った。私の方は残された時間ばかりが心配だったが、子どもたちはあまり気にする様子もなく、彫りを進めていた。卒業式、本当ならきれいに飾られて卒業式を迎える教室が、私のクラスだけは大きなベニヤ板が五枚も壁に立てかけられていた。

卒業式が終わり、子どもたちは、二階にある自分たちの教室の窓から、校庭で送り出そうと待っている在校生や先生方に向けて、これまで練習してきたハレルヤコーラスを歌った。この歌を最後に子どもたちと別れると思っていたが、子どもたちは、「明日、何時から彫っぺ」と言って校門を出ていった。

次の日から、子どもたちは弁当を持って午前中からやって来た。完成に向けての最後の彫りである。時間を気にせずに子どもたちは板に向かっていた。彫りが進み、板の上に紙を置きコンテでこする。刷り上がりと同じように、コンテの跡がつき子どもたちは喜んだり、おかしいところを直したりしながら完成に近づけていった。二日間を使い、やっと彫り上がった。

刷り

いよいよ最後の刷りである。これほど大きな版画を刷る紙は、なかなか見つけられなかった。私は友だちに教えられ、鳥の子和紙という紙を手に入れることができた。ベニヤ板一枚分が一〇〇〇円近くするものだった。完成の刷りにはこれを使い、練習には七メートルくらいのロールになった大きな障子紙を使った。

和紙に霧を吹いてから行う。霧吹きも多かったり少なかったりで気軽にやれる作業ではなかった。その間に、他の子は板にインクをつける作業を汗をかきながら行っている。紙は限られているし、インクのむらができると失敗するから、子どもたちはいつになく真剣であった。ベニヤ板一枚刷り上がるのに四〇分以上かかる。紙の湿り具合と、インクの濃さが微妙に作品のできを左右した。それに気付いて子どもたちの作業はより慎重になっていった。板と紙を合わせて刷る。子どもたちは大汗をかいてやっている。少しはがし、薄い所はインクを付け足してもう一度こする。手が足りなくて、他のグループの応援をもらい、クラス全員で取り組んだ。

やっと刷り上げ、板から紙をはがす。「おお、うつっている」「うまくいった」という声が飛びかう。今まで何日もかかって彫ってきたのがやっと作品になって自分たちの目の前に現われたことに対し、子どもたちは満足していた。二日間かかって各グループ二枚ずつを仕上げた。一枚は、サインをいただいた日向康先生へのプレゼントにした。集会室にでき上がった五つの作品を壁いっぱいに貼る。五つを並べてみると、その迫力に圧倒される。一つひとつには、彫りのまずさや構図のまずさがあるが、描こうとした子どもたちの気持ちはとても強く伝わってくる。正造の姿に子どもたちの気持ちが出ているように思えた。この作品を前にして、子どもたち一人ひとりの写真を撮った。どの子も、やっとこれで卒業だなあという顔をしている。

子どもたちは、完成を祝し暗くなるまでバレーボールを楽しんでいった。「さようなら」と言って体育館を出ていく子どもたちを、本当の卒業式を終えたような気持ちで見送った。

子どもたちは、完成してから感想を走り書きしていった。

「どうなるのかと思っていましたが、ほっていくにつれて、自信がついてきました。小さなわらばん紙からかいて長いようでみじかい時でした。ほんとうにできるのかと心配していたあのころとちがって、今は、もう自信にあふれています。手のはんがとちがって、むずかしく、そして、大きいので、たじたじとしていたあの時がなつかしく思います。もう田中正造も、おじいさんも、おばあさんもいきいきとしています。ここの学校で、いつまでも記念にのこしてもらえばうれしくおもいます」

「最後の版画が終わって、安心したっていうのかなあ。卒業しても通ったかいがあったなあ。最初は、できるかどうか心配だった。一生懸命やったから、それがむくわれたんだと思う。この小学校生活最後のこのクラスの共同せい作を一生大切な思い出にしたいと思います」

二　「田中正造」の授業——小学六年生の実践

もうすぐ子どもたちは、卒業していく。この一年、さまざまな問題に子どもたちと悩んできた。登校拒否、子ども同士の付き合いの悪さ、ことに男子児童と女子児童との関係がしっくりいかないこと、その指導上の問題、長期入院の子などなど。クラス全員の顔が揃ったのが、一か月ほどしかなかった。

四月、新学期がスタートして間もなく、一人の子が学校を休み始めた。子どもたちはさまざまな試みで登校させようとしたが効果はなかった。修学旅行だけは、なんとか参加したが、その後はまた休みが続いた。一学期が終わろうとしていた。学年で夏休みに縄文村の合宿を計画した。この子を活かす仕事を任せてみようと考えた。「やってみる」ということで一緒に準備したが、当日は遂に来なかった。

そんな状態で秋を迎えてしまった。しかし、仲の良い子の連日の努力が実って、放課後に学校へ来るようになり一二月には、やっと朝から教室で過ごすようになった。それでも、クラスの子どもたち同士の関係はなかなか良い方向までには至っていなかった。

こんな状態の中で、子どもたちとじっくり一つのことについて考えてみる材料がないものかと思い続けていた。自分がこれまで接してきて、最も印象に強く残っている生き方をした人物の話をしようと考え「田中正造」に決めた。授業になるかどうかというよりも、子どもたちに田中正造の生涯を丁寧に話して聞かせることだけを考えた。

正造の話をするにあたって

田中正造七三才の生涯で、目の前の子どもたちに何を話したら良いのか。田中正造と言えば、足尾鉱毒事件というのが一般的である。その関係で正造を話せば子どもたちにはインパクトも大きいと思う。しかし、この部分だけを扱うと、明治政府が日清、日露の二つの戦争を契機に世界の中にその存在を強めようとしていく中、足尾鉱毒事件という小さな事件に最後まで関わり続けた田中正造を突き動かしていたものが何だったのかは、理解できないと思った。このことを考えると、小中村での名主としての生活から谷中村までの正造を話さなければならないと考えた。

　正造の生涯は大きく三つに分けられる。一つは、小中村の名主として、主家六角家と戦った正造。次は、代議士として足尾鉱毒事件と関わった姿。最後に、直訴に失敗し谷中村に入って学ぶことを知った正造である。それらを一時間ずつ扱い、各時間の初めには、子どもの関心を引きそうな問題を入れることにした。

一回目の授業「正しくても入牢する」

「みんな、牢屋に入ったことある？」と聞くと、子どもたちは「何バカなこと聞いているんだ」という顔をしている。

「どんな人が入る？」

「悪いことをした人」

「そうだね。今日は、その牢屋に五回入れられた、みんなも知っている田中正造という人の話をします」

と言って始めた。子どもたちは教科書にも掲載されている人がなぜ、牢屋に五回も入れられるのかということを聞きたがったが、先を進めた。一七才で栃木県の小中村（現在の佐野市）の名主になったこと、名主としての一日の生活、名主として関わった六角家騒動について話した。領主の首をすげかえることを主張し、そのために捕らえられ三尺立法の牢に入れられ、毒殺を警戒して鰹節二本で飢えをしのいだことなどに触れた。この頃になると、子どもたちも少しずつ興味を示し始めた。

その後、正造は江刺県（現在の岩手県）へ行き下級官吏となるが、上役暗殺の嫌疑で二度目の入牢をし、二年三か月を送る。その間の寒さを、死んだ者の服を着て凌ぎ、無罪放免後は、子どもたちの住む隣りの石巻市を通って、小中村に帰ったことを話した。

正造の政治への発心

小中村で正造が、西南戦争の頃に物価騰貴を見越し、家財道具などを処分した資金をもとに三〇〇〇円を上回る利益を得る話をした。子どもたちに「三〇〇〇円って当時どれくらいか」を聞いても、予想がつかない。警察官の父をもつ子どもに、「お父さんの給料で考えてみるから」と言って、「明治一一年頃、巡査の初任給が六円」と教える。すると、子どもたちは、「じゃ、三〇〇〇円はえーと……」と考えている。そこで、「米は、明治一〇年に一〇キロ五一銭で、天丼が明治二〇年に三銭」と付け加える。子どもたちは計算できないながらも、大変なお金を儲けたことに驚いていた。

「正造はこのお金を何に使ったと思う?」

「店を開いた」

「土地を買った」

「村人に分けてあげた」

の声があがる。ここで、正造の政治への「発心」「一身以て公共に尽すの自由を得ん」として、

一、今より自己営利的新事業のため精神を労せざる事
一、公共上のため毎年百二十円（即ち一か月僅々十円）ずつ向三十五か年間の運動に消費する事
一、養男女二人は相当の教育を与えて他へ遣わす事

を簡単な言葉で話して聞かせた。そして、三五年目に正造が書いたとおり死んでしまったことにも触れた。子どもたちは、内容の理解よりも「予告したように三五年目で死んだこと」に、ただ驚いている。三回目の話の終わりに、この時の「発心」がどれほどの意味を持っていたかがいくらかでも子どもたちに分かればいいと考えながら、その様子を見ていた。「発心」後の話は、県会議員になってから県令三島通庸との戦いで三度目の入牢をすることだった。子どもたちは、「良いことをしても牢屋に入れられるんだ」「明治という時代で、正しくてもきまりと違うと、牢屋に入れられる」と話し合っていた。

足尾の鉱毒

次に正造の代議士時代、足尾鉱毒事件に触れていった。子どもたちに栃木県地図を見せる。渡良瀬川という名は知らなかった。かろうじて、近くを流れる利根川を知っている程度だった。

「鉱毒」という言葉を出すと、「十円玉の毒」「水銀」「銅製の鍋の毒」と口々に言い出したが、説明せずに、足尾から渡良瀬川の流れと足尾鉱山の禿山のスライドを見せる。「荒れている」「緑がない」「岩がむき出し」「自然がない」などの声が出たので、「こんな状態の所から毒が流れていることから、どんなことが考えられるか」を聞いた。子どもは、「銅を採り過ぎた」「採り過ぎて自然破壊が起きた」「銅が川を流れていった」と考えた。そこで、銅の毒の影響は何に出てきたかを考えた。「魚」「田」「川に入った人」「飲み水」などが心配だと出たので、まず「魚」を取り上げ、渡良瀬川で漁師として生活していた人の推移を示した。

昔　　　　　三七〇〇戸
明治一四年　二七七三戸
明治一八年　七八〇戸
明治二五年　〇

これを見た子どもからは、「かわいそうだ」というつぶやきがもれた。

「なぜこれほど減ったのか？」

「鉱山があるから」

「昔も鉱山はあったが戸数はゼロではないぞ」

「まだ害がでるほどでない」

「昔と明治のこの頃の銅の産出高はどうなのか」

と、産銅高のグラフを示し、戸数と重ねて見せた。明治一七年から急に産銅高が増えたことを確認し、二つのことから漁師の戸数と産銅高の推移の間に関連があることを知らせた。

「こんな状態になったらどうしたらいい」

「銅を採るのをやめさせなければならない」

「誰が？」

「国」

「政府」

「天皇」

「やめさせたろうか？」

この問題を次に話すと言って一回目を終えた。

二回目の授業「昔は人民洪水を祝す」

田中正造の文章の中にある「昔は人民洪水を祝す」を最初に出した。誰も喜ぶはずのない洪水をなぜ渡良瀬川沿岸の人々は祝ったのか。これは、子どもたちには意外だったようだ。しばらく考えていたが、ヒントによって「落ち葉」「腐葉土」とポツポツ出てきた。それが肥料となって、多い所では二五センチくらいまで積もり、種を蒔くだけで作物が育ったことを知らせた。さらにＶＴＲで渡良瀬川の様子を見せ、その後に銅の毒によって被害を受けた麦や稲を見せた。

足尾銅山の薪不足

続いて、これらの害を与えた足尾鉱山について触れていった。産銅高を見せながら、「一年でどれくらいの産銅高か」を聞き、「一万トン近くまで増えていった」ことを伝える。そこで、鉱石がそのまま銅ではなく精錬することを知らせ、そのために燃料を使うことを話す。

「この銅を精錬するのに何を使ったか？」

「石炭」

「石油」

「薪」（多数）

一万トン近くの銅を作るのにどれくらいの薪を使ったかを考えさせながら、足尾の山々が禿山になった様子をＶＴＲで見せる。「だから洪水になったんだ」という声がでる。薪に使ったためだけでなく、精錬の際の煙によっても木がなくなったことを付け加えた。

「これだけの薪どうして用意したと思う？」

「近くの山から」

「足りる？」

「足りない」

その不足分を栃木県から払い下げられたことを教えた。明治二一年一万一三〇〇ヘクタールを一万一〇〇〇円で払い下げた。野球部に入っている子が多いので、東京ドームを例に出して、「東京ドーム一つ一円に相当する」ことを話した。比較として、当時巡査の給料が八円で、その給料で東京ドームが八つ買えることになるくらいの安い値段だったことにも触れた。子どもからは、「安すぎる」という声がすぐに上がった。

こうした薪を使った精錬によって出てきた残りの鉱滓を谷に積み上げておき、

洪水の時に流したことなどを説明した。子どもたちは「それが流れて下流に行き、魚が水を飲み、人間が魚を食べたり、水を飲んだ人に害が出、田んぼにも被害が起きた」と理解した。

銅山停止か続けるか

そこで正造はどうしたか。長い導入を経て正造の戦いについて触れた。ＶＴＲで明治二四年の第一回質問「足尾鉱山鉱毒の儀につき質問」を見せた。

「何を根拠に正造は質問しているか？」

「憲法」

「憲法で定めているから鉱山をやめさせなければならない」

「政府はどうしたか？」

「やめさせない」

政府の答弁を見せる。被害が鉱山によるとは断定できず、鉱物流出を防止するため外国から「粉鉱採集器」を購入し努力しているという内容のものである。「粉鉱採集器」について子どもたちは「毒を押える機械だ」と言ったが、「渡良瀬の人々もそう考え、外国から来たもので大丈夫だ」ということを思い、待ってみることにしたこと、その間にも洪水があって、また被害が出てきたことを告げ、お金による示談に移っていったことを話した。「足尾はあと一、二年で掘り尽くすから、今のうちにお金をもらっておいた方がいい、そのかわり苦情は言わないこと」という示談の内容についてである。

「示談金はどれくらいだと思う？」

「五〇〇円」

「東京ドームが一円だから一〇円」

ここでまた巡査の給料を示し（明治二四年で約八円）子どもたちに予想させせた。一〇〇〇円が二人、一〇〇円が三人、五〇円が二人、五〇円〜一〇〇円が多数だった。一番多い契約が「二五銭」の人々だったことを板書し、当時雑誌が三銭だったことを示した。子どもからは、「ひどく安いね」「どうしてそうなんだ」という声が強く出た。

ここで、なぜ政府は鉱山をやめさせないかを聞いた。

「銅をたくさん使うから」

「銅が売れる」

「外国に日本はバカにされてきたから、なんとか認めさせるのに銅を輸出して儲けないといけないから。だから守ろうとした」

子どもたちは、富国強兵策の学習から考えていた。「みんなならどうするか」を聞くと、「他のことで頑張れば銅でなくてもいいから、苦しんでいる人を見るよりはいい」「世界の中に力を見せるには、やっぱり必要だ」などの意見が交わされ、教室の中は盛り上がった。「やめさせる」という子、「やめない」という子、半々くらいに分かれた。

静まるのを待って聞いた。

「正造はどっちをとったか？」

「農民を救う方を選んだ」

「どうしてか？」

「自分が農民だったから」

「日清戦争などが終わっても農民はずっとそこにいるので、その人たちのことを考えて」

「一時的な戦争が終わった後の日本のことも心配して」

「もともと農民だから、農民の立場だ」

「正造と関係のある人が多くいるから」

と、子どもたちは考えていた。問題を自分のこととしても考えるようになってきたのを感じた。

　その後、政府でただ一人鉱毒を止めようとした榎本農商務大臣により鉱毒調査会ができ、足尾鉱山に予防命令を発した話をした。当時のお金で無理とも言われた一〇〇万円近く（昭和五五年で六五〇万するダイヤが二〇〇円だった頃で、三二五億円ほど）で予防工事を完成させてしまったことを知らせた。子どもたちは、「これで解決したの？」という声が出るほど、解決を待っていた。

それでも、洪水が起き、毒は流れた。正造がそんな中で行った明治三四年の質問「亡国に至るを知らざる儀につき再質問」をＶＴＲで見せた。少し難しかったが、正造が政府に絶望し、議員をやめることを考えていたことにつなげた。最後に正造がとる行動を子どもたちは「命をかけて戦ったのだろう」と話した。その方法は何か。子どもたちからは具体的には出なかった。最後の手段として「直訴」という方法をとったことを話す。子どもたちは、これで問題が解決したと思ったようだった。しかし、正造はつまずいて転び、直訴は失敗したことを知ると、本当にがっかりしたようで、その先どうなったのかを知りたがった。

その後正造はどうなったかを考えておくことを話し、二回目を終わりにした。

三回目の授業「提内地と提外地」

地価の違いから始める。仙台と子どもたちの住んでいる地域の地価をそれぞれ九〇〇〇万円と一〇〇万円と示し、この値段の差は「便利さや利用価値の違い」などから生ずることを確かめた。その上で林竹二先生が田中正造の授業で取り上げた提内地、提外地の問題を考えてみた。

「提内、提外はどっちを指すのか？」（図を書いて聞く）

「提内は川のすぐ近くで堤防まで」

「土地の値段はどっちが高い？」

「堤防に守られた提外が高い」

ここで、農民は提内に住んでいる人が多く、「内」「外」という言葉の使い方を考えさせせた。「内側は中」「中は害がない、安全、生活しやすい」という話になり、子どもたちの考えと逆で堤防に守られている方が堤内地であることを確かめた。

そこでもう一度価値はどちらが高いかを問う。「提内地が高い」が圧倒的に多い。

「洪水が起きると最初に被害を受けるのが提外だから」

がその理由だが、

「水がすぐ引くから提外の方が高い」

「肥料が流れて来るから提外が高い」の意見が出てきて、堤内が高いことの理由が崩れていき、「提外地の方が高い」に落ち着いた。その典型的な土地を持つのが今日の話の「谷中村」であると始めた。

前回の話で予防工事が行われたため、政府の取り組みが鉱業停止から洪水を防ぐ治水問題へ移っていったことを教え、その方法を聞いてみた。「堤防を高くすればいい」「ダムを作ればいい」などの意見を聞いた。栃木県は、洪水を一時溜める遊水地を作る方法をとり、その場所を谷中村とその周辺にすることにしたことを話した。この決定により渡良瀬川沿岸で被害を受けている数十万の農民たちはどう考えたかを問う。「やった！　これで洪水がなくなる」と思ったと多くの子が答える。そうして、足尾鉱毒問題の運動から沿岸の農民たちが離れていき、谷中村へ問題が移ることを知らせた。

この村に直訴に失敗した田中正造が入って戦いを始めたことを告げる。ＶＴＲと図を使って谷中村の説明と堤防が壊れても修復しない県の対応を話した。

水攻めにより多くの谷中村民が村を去っていく中で最後まで残った十九戸の残

留民の屋敷に強制破壊が行われた。その様子をVTRで見せる。その中では『谷中村滅亡史』の叙述を使って説明している。強制破壊の後もなお、仮小屋を作って生活している残留民の姿も続けて見せた。そこに不幸にもまた洪水が来た。

「正造はどうしたか？」

「見舞いに行く」

「助けに行く」

「心配になって舟で様子を見に行く」

子どもたちの言う行動をとった正造に対して、木につかまって雨の中で堪え、病気の身を小舟に横たえ、びしょぬれになって収容に応じようとしない農民に正造ははげしい衝撃を受けたことを話した。これがきっかけとなって正造は谷中残留民に対する見方を変え、彼らと共に生きる道を選んだことを知らせた。

子どもたちは、この谷中人民の姿を見、聞いた時、

「農民だから、ずっと長く生きてきた土地にたとえ洪水になっても住んでいたかったんだ」

「農民にとっては土地が第一なんだ」

という考えが出た。子どもは直観的に本質をつかむものだなあと改めて思わされた。

谷中村に入ってからの正造の姿には、もっと深い意味があり学ぶべきものがあるのだが、こちらにその力が無く、今まで子どもたちに話した内容で精いっぱいだった。

そして大正二年九月四日、正造が運動半ばにして倒れたことを話した。最後にやっと妻カツに見守られて亡くなった。カツとの五〇年間の結婚生活で、二人一緒にいたのが三か月ほどだったことを付け加えた。

最後にＶＴＲで栃木県佐野市に残る正造の遺品（みのと笠、頭陀袋、その中の日記、聖書、帝国憲法、小石）を見せ、世に有名な田中正造の七三年の生涯で残ったものはたったこれだけだったことを告げて話を終えた。

子どもたちの感想

Y・O

初めて、社会の教科書で、田中正造について調べた時、（あまりたいした人物ではないようだな）と思いました。特別に気にいっているというか、特別に好きというわけではありませんでした。

でも、最近になって勉強してみると、有名な「足尾鉱毒事件」などでも、いろいろ多くのことでの田中正造の生き様を見ました。すばらしい人物だったと思います。

特に、足尾鉱山の毒については、（本当に大変に苦労したなあ）と思います。そして、最後の方に勉強した谷中村の残った十六戸の人々の考え方に気を引かれて、いっしょにすごしたという考えをすごいと思いました。ぼくだったら、と中で考えをかえるなどとは、なかなかできません。田中正造について勉強して、（この人はい大な人物だったんだなあ）と思いました。

T・I

授業を受けてみて、私はなぜかスッとしませんでした。鉱毒事件がかいけつしないまま田中正造が死んでしまったからです。もっと生きていたら、事件が早くかいけつできただろうなあと思い、がっかりしました。

でも、すごいなと思い、びっくりしたこともあります。西南戦争の時にもうかったお金を、人のために、計画的に使ったことです。私だったら、計画的にはつかうけど、人のためには使いません。とても私にはできない事です。それから、もうかったお金を使う時、三十五年でこのお金を全部つかうと考え、そのとおりに三十五年でなくなり、死んでしまったことは、とてもビックリしました。まるで、占い師のようです。

世界じゅうに住んでいる人全員が、人のために生きる田中正造さんだったら、世界各国全部のどんな問題でもかいけつでき、二度と足尾鉱毒事件の様な事は一つもおこらないと思います。

K・A

田中正造について勉強してみて私は、ここまで人にたいして親切にしてあげて、そして助けてあげようとするなんて、なんてたくましいんだろう、なんてやさしいんだろうと思いました。

自分が、ろうやに何回も入ろうと、死刑になりそうになったとしても、害を背おっている人たちやそうでない人達にでも助けてやるという心を忘れないなんて、えらいと思います。

もし私がそういう立場だとしたら、もういやになってなげだしていると思います。それでもこの田中正造はなげ出しませんでした。私には信じられません。

私も少しは田中正造をみならって、親切な気持ちをもとうと思います。

A・A

私は、勉強してきた中でもっともすごいと思ったのは、田中正造が人生を計画どうりに生きれるというのがすごいと思いました。私だったら立てた計画ですごしたりしてもせいぜい良くて三日か四日ぐらいなものです。私は田中正造が天皇にこくそをしようとした時つまずいてころんでしまったと勉強した時は、神様が「おまえはまだ死んではならぬ」と思っていたと思います。それにぜったい田中正造のしていることはまちがってはいないと思っています。それから、谷中村ののこった人たちも決してまちがってはいないと思います。これからも田中正造みたいにやさしい心を持った人などをどんどんふやしていくべきだと思います。ふやすどころかみんながみんなやさしい心を持った人だったら今のように戦争などおこるわけがないでしょうね。だからこれからは、一人でも多くの人が努力していけばきっといい世の中になると思います。

Y・A

田中さんは、村や町の人々のために一生をつくしました。けいむしょに入れられたりしましたが、私ならぜったいにできません。それだけ村や町のことをしんぱいしていないからです。田中さんは、自分のことより、町や村のことをしんぱいしていると思います。私なら、(バカでねーの、ふつうでねー)とか思っていたけど、勉強しているうちに田中さんの気持ちが私にもわかってきました。最初は自分のまわりにいる人の名前もわすれるくらい村や町の人たちがしんぱいなのかと思っていました。でも、田中さんはいい人だと思います。自分のすべきことをおえてから亡くなったからです。

田中正造さんはとても心のやさしい人です。こうゆう、大人になりたいと思います。

授業を終えて感じたことは、私にとっても田中正造像がはっきりしていないためめに、子どもたちへ何を話せばいいのかが明確にできなかったということであった。それが定まっていないので、そこに至るのに必要な手立ても不十分になってしまった。子どもたちには、とても分かりにくいものになってしまったように思う。

田中正造の授業というと林竹二先生の名前がすぐ浮かぶが、それについて竹内敏晴氏が、

「湊川高校と南葛飾高校での田中正造の授業は、内容も、主とするテーマも大きく違っていることが印象的である」

と述べている。この点が私には欠けていたのだと思う。自分にとっての田中正造像と目の前にいる子どもたちと、その間をどうつないでいったらいいのかが問題なのだと思った。

おわりに

「人をよぶほどに明媚な渡良瀬に立たせてあげたし田中正造」（二〇二二年一二月一八日朝日歌壇掲載　堺市　丸野幸子）

この本を書いている時、目にした短歌。今でも田中正造を取り上げる方がいるのだ、まして田中正造の地元ではない堺市から……。いろいろ思いを巡らせながらこの歌を何度も読み返した。私が学生時代、田中正造に触れた頃、世の中は正に田中正造ブームと言ってもよかった。今、その名を聞くことはほとんどない。そんな時、目に飛び込んできた短歌の中の田中正造。隔世の感がするとともに、自分がこうして田中正造に関する本を出すことに今でも複雑な思いがある。私の中で田中正造は他人に語らず、触れずにきた部分だった。それがこのような形で表に出ることに正直、抵抗と恥ずかしさがあった。自分の根っこが人目にさらされるような不安があった。しかし、この過程を通して改めて自分を振り返ることができた。

教員時代、私は初任の時から学級通信を発行し、年度末に一冊に綴じて子どもたちに渡すことを続けてきた。年間一〇〇号位の学級通信には子どもたちとの授業や生活、行事の様子、子どもたちの作文や詩などを載せていた。毎年それが積み重なり本棚の一角に並んでいった。東日本大震災はその学級通信をすべて持ち去ってしまった。

震災の年から被災地の学校の校長になり、担任に戻った気持ちで「校長室だより」を出し始めた。震災後の大変な状況の中で子どもたちや学校の様子を伝えることで少しでも保護者に安心感を与えたいという思いからだった。その後、幼稚園に勤めるようになってからも「園長室だより」を出し続けた。

頁をめくると震災後の苦しい中でも前に進もうとする子どもたちの姿や新しいことにチャレンジしようとする姿、友だちと関わり豊かな世界を創ろうとする姿が甦ってくる。学級通信から始まって園長室だよりで幕を閉じた私の教員生活のまとめとして、今回このような形で本を作ることができたのは何とも不思議な気がするとともに、幸せなことである。その時々に関わってくださった多くの方々に感謝の気持ちでいっぱいである。

今思えば刺激に満ちた幸せな学生時代だった。授業について学んだ斎藤喜博先生、田中正造や『授業　人間について』の世界に導いてくださった林竹二先生、日向先生を紹介し、卒論から教員になってからもずっと指導してくださった横須賀薫先生、宮教大の教官として学んだ演出家の竹内敏晴先生、経済学の近藤完一先生、北海道家庭学校に目を向けさせていただいた花島政三郎先生、中国文学の小野四平先生、極地方式の髙橋金三郎先生、日本の芸能の中森孜郎先生……と、多くの先生方から学ぶことができた。

当時の教育界では水道方式の遠山啓氏、仮説実験授業の板倉聖宣氏、児童文学者の灰谷健次郎氏、雑誌『ひと』の遠藤豊吉氏と、教育を考える上でのさまざまな方々が世を賑わせていた。そんな時代に宮教大に学び、教育について考え学ぶことができたのは本当に幸せだった。

何より教育の実際とは違う田中正造について日向康先生の下で学ぶことができたのは感謝するしかない。日向先生との出会いを通して見えたもう一つの世界は、私にとってかけがえのないものとなった。改めて、亡き日向先生に感謝を申し上げたい。先生との時間は本当に楽しかったです。ありがとうございました。

最後にこの本の出版のきっかけを作り後押しをし、内容の解説文まで添えていただいた横須賀先生、出版のコーディネートをしていただいたカンナ社の石橋幸子氏、細かく編集し素敵な本に仕上げていただいた春風社の三浦衛氏、本書の原稿をすべて読み明るいミライを彷彿させる装丁を手がけていただいた中本那由子氏に、この場をお借りして感謝を申し上げます。また、津波で流失してしまった過去の文章を提供してくれた友人に深謝したい。そして、書いた文章を真っ先に読んで「まあ、いいんじゃない」と冷静に批評し支えてくれた妻にも感謝したい。

東日本大震災から一二年目の三月一一日を迎えた。多くの人々がそれぞれの思いで手を合わせる姿があった。見違えるように変わった街並みや地域の姿、その中で子どもたちは今日も元気な姿で学んでいる。子どもの声が聞こえる幸せを感じながら前を向きたいと思う。

二〇二三年三月一一日

女川の自宅にて

橋本 惠司

初出について

掲載した文章はすでに発表されたものに、今回誤記等を訂正するなど修正を加えたものと今回新しく書かれたものとがある。発表されているものの掲載誌は次の通りであるが、今回の収載に合わせて大幅に加筆修正している。

第一章　石巻市北上町の子どもたちとの四年間　『婦人之友』二〇一五年三月号に掲載された「被災地の小学校の四年間」を加筆修正。

第二章　一　子どもたちとの関わりと本のことなど　『事実と創造』一〇九号一九九六・六

第二章　二　米と車を追った一年間　『事実と創造』一三四号一九九二・七

第二章　三　「春のうた」の授業　『事実と創造』一四九号一九九三・一〇

第二章　四　「かさこじぞう」の授業　　　『事実と創造』一五四号　一九九四・三
第二章　五　思いっきり楽しむ子どもを育てる　　　『教育弘済会教育論集』
二〇二二年度に応募した原稿に手を加えたもの。
第三章　一　「田中正造」との出会い　　　書き下ろし
第三章　二　渡良瀬の流れ　　　一九七九年一〇月に手稿をプリントして配布
したもの。
第三章　補　『林竹二・天の仕事』から考えたこと　　　『事実と創造』六九号
一九八七・二
第四章　一　版画「田中正造」　　　『事実と創造』四四号　一九八五・一
第四章　二　「田中正造」の授業（原題：田中正造を追って）　　　『事実と創造』
一二四号　一九九一・九

※『事実と創造』は教授学研究の会の会誌で、発行は一莖書房。

巻末に添えて　著者橋本惠司さんとの四〇年

横須賀 薫（宮城教育大学・十文字学園女子大学名誉教授）

宮教大で出会ってから、かれこれ四〇年余が過ぎた。ずっと「橋本くん」と呼んで親しくし、助けたり、助けられたりして来た。以下、ここでも橋本くんと呼ばせてもらう。

橋本くんが宮教大に入学したのは一九七六（昭和五一）年のこと、林竹二が学長を退任したのが一九七五年六月、退官記念講演は「田中正造の初心」と題されたものだった。橋本くんからすれば行き違ってしまったことになるが、それでも宮教大改革の火は残り火どころか、まだまだ燃え盛っていた時期になる。

東北大学から不本意に分離された教員養成課程を基盤にして独立の大学として歩み始めたのが一九六五（昭和四〇）年のこと、当時は国立大学として最後尾に付いた弱小大学だったが、六九年、学長に林竹二を迎えたことによって、当時の急激な大学改革に乗り遅れなかったどころか、先頭に飛び出す格好になることができた。しかし一方、林の「教えることは学ぶこと」という本質的な問いによって、教員養成を任務とする宮教大は重い宿題を背負わされることになった。

教育界でも学術界からしても教えることと学ぶことは、関係が深いとしてもそれぞれ別のことと受け止められているのが常識である。学校で扱われる教科の内容は、すでに常識になったか、なりつつある知見で構成され、教え方の工夫が求められるだけになる。それによって教師の仕事も、その教師を養成する教員養成の仕事も安定的に営まれることになる。学者、研究者もそこは別世界、場合によっては低い世界とみて関わらなくなる。

しかし、一歩その関係を本質的に追求しようとすると苦悩の世界に入ることになる。晩年の林竹二は、自身の言説の真を追い求めて「人間について」と「開国」

の二つのテーマを引っ提げて小学校、中学校、高等学校の教室、果ては教護院にまで足を運び二八〇回に及ぶ授業を試みることになった。そして「授業の成立」が論究された。世間ではそんな林の課題意識には触れず、「学長の授業」としてもてはやした。高校生橋本くんが早くから林竹二の名を耳にしたのも当然だった。

林のその試みは、ひとつの壮挙ともみられ、一方もの好きともみられ、さらに年寄りのお遊びともされ、毀誉褒貶のうちに自身の生命の方が燃え尽きてしまった。一九八六年四月一日没。私を含め、その試みを引き継ごうとした者にとっては重い課題が残されることになった。

橋本くんが師として学ぼうとした日向康とは、その林竹二を生涯の師として師事した人間だった。橋本くんは三章一の文章に、宮教大の講義の後、日向さんがきっと横須賀の研究室に立ち寄り、何やら話し込んでいた様子を書き残してくれているが、二人が顔を合わせる度に論じ合ったのがこの問題だった。日向は林が小学校の授業に〝病みつき〟にならないで、やり残した新井奥邃研究を完成してほしいという立場、横須賀は学問と教育の本質的統合の実験として容認したいという立場だったから、結論など出るはずもなく顔を合わせる度に論じ合っていたのを橋本くんが目撃したことになる。

日向康に従い田中正造研究に入った橋本くんは、日向の助言により足尾鉱山と鉱毒問題をテーマにして卒論をまとめた。当然、これは当時の先行研究に当たっての研究成果であって、新しい研究分野を切り開いたものではなかった。とは言え、それは学部学生の研究としては十分過ぎるほどの成果だったから、指導教員としての私は満腔の賞賛と共に合格の印を押したのだった。

私は橋本くんが教職に就くのは止めて大学院に行って、さらに研究を続けたいと言い出すのではないかと、危惧を抱きながら見守っていた。なぜならこれまでに専門研究の面白さを知った学生が、やがてその道を探るコースに入りたくなることを体験上で知っていたからである。そしてある時期から、そのことへの助力は拒否するようになっていたからである。(橋本くんが言い出したらどうしよう、困るな)という思いだったが、橋本くんはまったくそのそぶりも見せず、宮城県の学校現場の職へと進んでいった。なぜそうだったのか、私はその後一度もそれを橋本くんに尋ねることはしなかったし、もちろんこれからもない。本書の実践記録がその答えを出してくれているからである。本書の読者は、ぜひこの観点から橋本くんの実践記録を読んでほしいと思う。

ついでに云っておくと、最初、本書にはその卒論をそのまま収める予定だったが、編集に当たってくれた春風社の三浦衛社長の助言に従い、内容的にも分量的にも一書にするのは無理があることになり、その部分は切り離し抜き刷りとして、知り合いに配るに止めることになった。

ここで日向康について一言解説しておこう。

日向康（ひなた・やすし 一九二五－二〇〇六）は福島県白河市の出身。仙台陸軍幼年学校を卒業し陸軍士官学校に進んだが、敗戦卒業となる。仙台で開催された復員軍人・軍学徒大学受験講習会に参加して講師を務める林竹二と出会う。講習に参加した多くが大学に進学したが、日向は独学の道を選んで林に師事することになる。仙台に在住していくつか職に就きながら文筆生活に入る。私が面識を得るようになった頃には仙台駅近くの古いビルに喫茶店と居酒屋の店を経営し、同じビルに研究室を持っていた。それで喫茶店と居酒屋は日向を囲む研究者や知識人のサロンの役目を果たしていた。それは橋本くんが目撃して文章に記した通りである。

日向本人の言では林から田中正造を紹介され、一九六〇年代初めから田中正造研究に入る。それは晩年の著作の書名通り「田中正造を追う」という課業となり、生涯の文筆活動の中心軸となる。田中正造は当時までは鉱毒と戦った義人として知られていたが、林・日向の師弟コンビはその深い思想性に光を当て、田中正造研究の新しい地平を開くことになった。岩波書店の『田中正造全集』の編纂事業にも加わる傍ら、徹底した資料の渉猟と独自な読み込みによって、その正造の生涯の全体像を明らかにしようとした。その成果は福音館から刊行された『果てなき旅』(七八年上巻、七九年下巻)に結実し、第六回大佛次郎賞の受賞となった。

二〇〇六年四月二日、自身が主宰してきた「林竹二先生記念会」の第二十一回の会場で倒れ、入院加療が続いたが九月七日に亡くなった。享年八一だった。

なお、橋本くんの「第三章一　田中正造との出会い」の中に、日向さんが林竹二を悼んで開催した会の名を「連翹の会」としているが、これは最初の案がそうだったがすでに高村光太郎のそれと同名になることが判って「林竹二先生記念会」となったもの。橋本くんはいつもその会にレンギョウの花束を用意するのが役目だったので、その印象が強く、会の名もそう覚えたのだったろう。

橋本くんは宮教大を卒業すると宮城県の小学校に勤務することになる。新任で勤務した雄勝小学校以来、だいたい宮城県の沿岸部の小学校に勤務し、教頭、指導主事を経て、次は校長職に就くという、その三月一一日に東日本大震災に遭遇する。自身は石巻市内の職場だったので無事で、各学校の被災状況の把握等が業務となったが、女川の居宅は津波ですべてが消失、家に居た母堂は崖を這い登って裏山に逃れて無事だったのが不幸中の幸い、その他の家族も無事だった。

実践記録にあるように、二〇一一年四月から石巻市立相川小学校に校長として赴任する。この学校は、市町村合併以前は旧北上町に属していて、北上川の対岸には大川小学校があったように、この震災で大きな被害を出した地区の一つだった。その復興と教育に取り組んだ実践記録が一章に掲載された「石巻市北上町の子どもたちとの四年間」である。この記録は震災復興の貴重な記録であるが、校長橋本惠司の眼が徹底的に子どもに注がれていることに、ぜひ注目して読んでほしい。

復興に取り組み、震災以前には独立校だった三つの小学校の統合問題に取り組み、統合後の小学校の校長に就くという体験は稀有なことで、それはすぐれた教育実践記録の一つとしたい。

橋本くんは小学校に勤務してから、私が主宰する教授学研究宮城の会など授業実践検討会に欠かさず出席し、しばしば実践の報告をし、私の勧めに応じて報告を文章にまとめ、私が関わっていた教育誌『事実と創造』(一莖書房刊)に投稿してくれた。二章(一から四)の記録と三章の補、四章の文章はすべて同誌に掲載されたものである。

前記したように橋本くんは、自身が執筆して雑誌や単行書に掲載された記録のすべてを津波で亡失してしまった。当然データも同様だった。今回本書に掲載できたのは、橋本くんの友人が保存していた同誌から復元したもので、実際には他の紙誌にも掲載されたものもあったに違いないが、探索も大変な仕事になるので今回は断念することにした。

橋本くんが眼疾に悩まされるようになったのはいつの頃からか、はっきり覚えていないが震災より後のことだったはずだ。研究会の折に仙台の大学病院に来ているとか自家用車でなく電車で来たとかいうことを聞き、心配していたが眼の病ならこっちも同じようなものだと軽く受けとめていた。今度、研究室の先輩が実践記録をまとめることになり、橋本くん自身が最後の職場である幼稚園長を退職したと聞いたことで実践記録をぜひにと勧め、それがきっかけで目の病が私の想像していたよりずっと悪化していることを知る。失明の危険もある病と知って、逆に私の方があわて、橋本くんの目が見えるうちに自著を手に取れるようにしたいと動き出すことになった。そんなこんなの中で、橋本くんが『女川町誌』の編

女川町誌30年ぶり刊行

震災で資料流出 住民協力

復興、原発など609ページ

2月販売「未来の羅針盤に」

纂に関わっていることを知り、心配と共に少し胸をなでおろしたりしたのだった。

ここに掲載した写真は昨年一二月二九日の河北新報朝刊に掲載されたもので、これで初めて橋本くんがずっと町誌編纂の責任者を務めていたことを知った。教育とか学校の部分のまとめ程度の役目だと思っていたことを恥じた。眼疾を抱えながらご苦労なことと思い、橋本くんの真面目な努力家ぶりにあらためて頭の下がる思いだった。まだまだこれから実践者としても、研究者としても活躍してもらいたいと思っていたが、一方で目に大きな負担も掛けないようにしてほしいとも思った。

（二〇二三年一月九日）

【著者】橋本 恵司（はしもと・けいじ）
1957年、宮城県牡鹿郡女川町生まれ。
宮城教育大学卒。宮城教育大学在学中、横須賀薫、日向康に師事。斎藤喜博、林竹二、田中正造について学ぶ。
1981年　宮城県牡鹿郡雄勝町立雄勝小学校を初任地として主に沿岸部の学校を中心に勤務する。
2011年3月11日　東日本大震災発生。
2011年4月1日　屋上まで被災した石巻市立相川小学校に校長として赴任し、学校の再開と再建に当たる。
2013年　町内で被災した三校が閉校・統合してできた新設校、石巻市立北上小学校の校長として新しい学校づくりに努める。
2015年　4年間の被災地の学校勤務の後、石巻市立稲井小学校に勤務し、退職。
2018～2022年　石巻市立稲井幼稚園に園長として勤務し、41年間の教員生活を終えた。

東日本大震災《ひがしにほんだいしんさい》と子《こ》どものミライ

2023年5月16日　初版発行

著者　橋本恵司　はしもと けいじ

発行者　三浦衛
発行所　春風社　*Shumpusha Publishing Co.,Ltd.*
横浜市西区紅葉ヶ丘53　横浜市教育会館3階
〈電話〉045-261-3168　〈FAX〉045-261-3169
〈振替〉00200-1-37524
http://www.shumpu.com　✉ info@shumpu.com

装丁　中本那由子
出版コーディネート　カンナ社
印刷・製本　シナノ書籍印刷株式会社

ISBN 978-4-86110-875-4 C0037 ¥2500E
日本音楽著作権協会（出）許諾第2302826-301号